MW01441870

CURANDO MIS HERIDAS

Mª Teresa Fageus

Independently published

Título: CURANDO MIS HERIDAS

Mª Teresa Fageus © 2023

Cubierta: Isabel Jiménez

Maquetación: Sandra García.@correccionessandrag

Reservados todos los derechos. No se permite la reproducción total o parcial de esta obra, ni su incorporación a un sistema informático, ni su transmisión en cualquier forma o por cualquier medio (electrónico, mecánico, fotocopia, grabación u otros) sin autorización previa y por escrito de los titulares del copyright. La infracción de dichos derechos puede constituir un delito contra la propiedad intelectual. El copyright estimula la creatividad, defiende la diversidad en el ámbito de las ideas y elconocimiento, promueve la libre expresión y favorece una cultura viva. Gracias por comprar una edición autorizada de estelibro y por respetar las leyes del copyright al no reproducir, escanear ni distribuir ninguna parte de esta obra por ningún medio sin permiso.

Espero que mi historia sirva a las personas en su crecimiento espiritual.

El cambio empieza por ti. Tú eres el ejemplo que quieres ver en el mundo.

No se puede convencer a nadie porque no estamos en sus pensamientos.

EL AGRADECIMIENTO

Mi nombre es María Teresa, tengo sesenta y seis años. Soy madre soltera con dos maravillosos hijos.

El mayor de ellos, Jonathan, nació con parálisis cerebral, actualmente tiene treinta años; el segundo de mis hijos, Emil; tiene veintiséis años, una persona muy espiritual y deportista cien por cien.

Actualmente vivo en Suecia, un país nórdico, donde reina la tranquilidad e igualdad, algo que me agrada mucho por mi personalidad.

Nací en Perú, tuve unos padres maravillosos. Que los honro, contando mi historia. Sé que me acompañan desde un plano más elevado que la tierra, donde todo es paz y espiritualidad.

Estoy muy contenta de que han regresado a casa, de donde es nuestro origen, por ser seres espirituales, viviendo una experiencia humana, aquí en este planeta tierra, que es una gran escuela de almas, y escogemos los exámenes que tenemos que pasar aquí antes de nacer, para la evolución de nuestra conciencia.

Esta es mi historia que mi alma escogió antes de nacer, en conjunto con todas las almas que colaboraron, en un acto de amor incondicional, para mi aprendizaje y crecimiento espiritual.

Soy la cuarta de diez hermanos, tuve una infancia muy dura, mi papá era violento, recibí castigos físicos. Esto influyó mucho en mi personalidad, ya que las heridas de la infancia son de alto impacto emocional.

Sé que mis padres hicieron todo lo mejor que pudieron, con las herramientas que tenían en esos momentos.

Mis padres eran pobres económicamente, pero a pesar de eso, nunca nos faltó nada. Ni ropa ni comida. Mi papá trabajó muy duro para mantener a sus diez hijos, que nos llevábamos dos años de diferencia entre sí.

Mi mamá era una gran mujer, tan valiente y trabajadora que cuidó a todos nosotros. Nos mantenía siempre muy limpios y cuidados, cocinaba delicioso.

Muchas veces, recuerdo los platos que preparaba.

Mi papá, no cocinaba mucho, pero cuando lo hacía, parecía un gran chef.

Él fue un buen ejemplo de padre para todos nosotros, al menos para mí, él era mi amigo, yo confiaba mucho en él, nunca lo vi embriagado, ni con infidelidades con mi mamá, al menos, es lo que yo percibí de niña.

Yo asumo que la violencia que tenía mi papá era por el estrés de tanta responsabilidad con nosotros y con mi mamá, para que no nos sucediera nada malo.

Mi mamá, en una ocasión, me relató la infancia que tuvo mi papá. Realmente fue muy, muy dura para un niño, me sentí triste y conmovida por él, por lo que había vivido. Ahí me di cuenta de que a pesar de los castigos físicos que nos daba, nos dio todo lo que él no pudo tener y eso lo valoro muchísimo.

Me di cuenta desde niña y más aún, cuando fui madre y exactamente hice lo mismo, le di a mis hijos todo lo que yo no tuve, como hicieron mis padres. Por eso invito a todos los hijos a que, antes de juzgar a los padres, hay que informarse cómo fue su infancia.

A pesar de que cuando uno es niño, interpreta los acontecimientos muy dramáticos y duros, que realmente lo son para un niño inocente, que no entiende el porqué, sin embargo, cuando somos adultos, tenemos que hacernos cargo de curar nuestras heridas de la infancia, para no quedarnos atrapados en esos traumas.

Nuestros propios padres han cargado sus propios traumas de su infancia, que no han podido trascenderlos.

Hemos venido a este mundo a curar nuestras heridas y trascenderlas, que es la razón de nuestro sufrimiento con el conocimiento espiritual.

Somos almas espirituales, viviendo una experiencia humana, pactamos antes de nacer con otras almas, en un acto de amor incondicional, para aprender las lecciones que nos dé la vida y trascenderlas para que no se repitan una y otra vez a través de este mundo material en que vivimos.

Cuando era niña, siempre pensé que, cuando yo fuese grande y pudiera, recompensaría a mi papá por todo el sacrificio que hacía por todos nosotros. Jamás pensé en los golpes. Solo en agradecerle su esfuerzo.

Predicciones del futuro

Mi mamá me contó, ya cuando yo era grande, que cuando yo tenía siete años, una vez, estábamos comiendo todos reunidos en la mesa, me levanté y les dije a todos, que iba a viajar por todo el mundo, iba a hablar muchos idiomas e iba a ganar mucho dinero. Luego me senté y seguí comiendo. Yo de este episodio no recuerdo nada, pero así fue en el futuro. Ahora vivo en Suecia y hablo siete idiomas.

Recuerdo en la escuela que vendía mis panes con palta y pasteles a la hora del recreo, para poder costear mis útiles del colegio, ahorrar dinero y no molestar a mi papá. Quería ser rica.

A la edad de doce años, ya tenía una cuenta bancaria en el banco.

En una ocasión, mi papá me enseñó a hacer unos *toffes* de

chocolate y me pareció muy interesante. Empecé a hacerlos para vender en el colegio, tanto fue así, que me obsesioné con las ventas y mis padres ya no me dejaban utilizar la cocina, para preparar mis *toffes* y me iba a casa de una amiga de la escuela. Su mamá me entendía y me facilitaba su cocina.

Para mis padres, yo era muy ambiciosa y eso estaba mal, según sus perspectivas, yo solo tenía una meta: SER RICA.

Sin embargo, siempre me di cuenta de que él me llevaba a los mejores colegios, y era, de alguna forma, su hija favorita... Podríamos decir que era muy inteligente. Los cursos que más me gustaban era la gramática del español, taquigrafía, el inglés, las matemáticas y contabilidad.

A la edad de dieciséis años, ya en la escuela de secundaria, tenía una amiga, todavía la recuerdo, que cuando terminaba las clases, paseábamos por sitios residenciales. Me encantaba ver casas maravillosas, mansiones grandes. Disfrutaba realmente, y nos preguntábamos:

—¿Cuál te gusta más?

A lo que yo respondía:

—A mí me gusta esa, y así la quiero tener.

Lo decía con mucha ilusión... Y, por suerte, así fue en el futuro, me gusta tener casas. Es mi pasión.

LA LEY DE LA ATRACCIÓN

El sitio donde nosotros vivíamos era pobre, sin embargo, yo me vestía muy elegante, con el dinero que ahorraba de mis ventas; y tenía un caminar muy distinguido, era natural en mí, no porque yo me sintiera superior a todo mi vecindario, sino que sentía que esa era mi identidad.

Inclusive, tenía muy pocos amigos en mi barrio, solo otras personas de otro nivel social.

Y toda esa forma de ser, ahora que leo libros de la ley de la atracción, son conductas de la autosugestión, que dice: «SIÉNTETE COMO SI YA LO ERES».

Sin embargo, yo aplicaba las leyes del universo de una forma natural, sin haberlas estudiado. Estoy segura de que yo vine con este conocimiento bien desarrollado de vidas pasadas.

El universo es mental, y todo es energía y vibración. Si una persona está vibrando a la altura de sus sueños, pensando que ya lo tiene... Ese deseo se hace realidad. Sé que todos tenemos esa capacidad desde que nacemos, pero tenemos que cambiar nuestras creencias y paradigmas. Nosotros no estamos destinados, estamos programados por todo el sistema de creencias.

Sincronicidades del Universo

En el universo, Dios, yo superior, o como cada uno de ustedes lo quieran llamar, rige lo mismo: causa y efecto. Para poder ver hechos realidad tus sueños, tienes que dar, porque un sueño sin acción es una ilusión.

No existen los milagros.

Cuando visualizas con una firme seguridad que ya tu sueño es un hecho y das gracias por adelantado, creyendo que ya lo tienes, y haces de tu parte en camino de ese sueño, el universo confabula y te ayuda a encontrar los medios para lograrlo, esto se llama sincronicidades.

Tú haces todo, todo, todo lo que está en tus manos, y el Universo pone todo a tus pies.

Por mi rendimiento al curso de inglés, me hice acreedora de dos becas para estudiar el idioma, después que terminé la Secundaria.

Estudie el inglés americano y el inglés británico.

Posteriormente, conocí al director de la ALIANZA FRANCESA. Un señor francés, muy simpático, siempre lo recuerdo.

Roger me regaló una beca para estudiar francés. Estudié francés gratis en una academia bien costosa. Siempre dando gracias a Dios, universo, por tantas bendiciones.

En una ocasión, saliendo de mi academia de inglés, conocí a un austriaco, a mí me gustaba poder practicar el inglés, él hablaba también un poco de español, pero le dije que habláramos los dos idiomas, para yo poder practicarlo, ya que estaba estudiando.

Nos hicimos amigos, él estaba de turista en Perú, y más tarde fue mi enamorado. Le presenté a mi familia, y tuvo muy buena acogida por parte de mis padres y mis hermanos, era una persona bien sencilla y empática.

Él iba y regresaba de Austria para visitarme. Con él hice muchos viajes de aventura, me encantaban, como a toda persona joven.

En una de las veces que vino a Perú, hicimos un viaje en el que recorrimos Perú, Colombia y Bolivia, todo en tren. Estuvimos en el Amazonas, con los nativos, visitando sus chozas, conociendo más de su cultura de indios. Fue muy bonito.

Hicimos un paquete turístico con un grupo de extranjeros, y vivíamos en bungalow, muy rústico, cerca del río, con los sonidos de los peces, pájaros y animales, todo maravilloso.

Una tarde, todos acordaron para tirarse en el Amazonas y nadar, había muchos mosquitos, yo no sabía nadar. Mi enamorado me dio un chaleco salvavidas, me decía que no me iba a hundir, yo tenía tanto pánico que dudé en tirarme.

Todo el grupo, que ya estaba en el agua, me miraba a la espera de que yo me lanzara, pero no pude, los mosquitos me picaban y finalmente no me tiré, no tenía valor. Mi enamorado con el rostro sonrojado me dijo:

—Qué vergüenza, que no te tires ni con el chaleco salvavidas.

Bueno, fue una experiencia, pero al siguiente día, irónicamente muy temprano en la mañana, caminé al mismo sitio, quería lavar mis zapatos en el río, era un puerto que tenía madera cubierta de barro, pero no había de donde agarrarse.

Todo estaba en silencio, ya que los huéspedes estaban desayunando en el restaurante del hotel, inclusive mi enamorado.

Cuando me fui acercando al agua oscura, me saqué los zapatos y me disponía a sentarme para lavarlos.

Comencé a resbalarme por el fango que tenía la madera con los zapatos en mis manos y sin tener donde agarrarme. Poco a poco me fui resbalando, no pude evitar caerme, no había nadie, todo seguía en completo silencio y empecé a asustarme.

No dejaba de mirar las aguas que eran de color verde oscuro, casi negro.

Me caí, subía y bajaba, no sabía nadar, pensé que era el final, que me iba a ahogar, y lo peor de todo, mi enamorado y todas las demás personas estaban muy tranquilos, tomando el desayuno, mientras que yo me ahogaba tontamente.

En una subida de cabeza, vi a un enano. Siempre recuerdo su aspecto físico, muy pequeño, con la cara más grande en proporción que el cuerpo, me dio la mano y me sacó del agua de una sola tirada. Qué gran fuerza, pienso ahora, yo estaba tan asustada.

—Gracias —le dije cuando salí.

Me sacudí la ropa y cuando levanté la mirada ya no estaba. Miré por los costados, no entendía nada; y regresé donde estaban tomando todos el desayuno. Me miraron asombrados, llegué toda mojada, les conté que me había caído y un enanito me salvó la vida. Pregunté a los guías de los bungalow de quién se trataba y nadie sabía. Regresé al sitio y no lo vi, nunca lo vi otra vez. Lo que sí pensé desde ese momento del suceso hasta ahora, después de casi cuarenta años fue que, cómo pudo tener tanta fuerza, una persona tan pequeña para poderme sacar solo con una mano. Era verdaderamente una fuerza de otro mundo, porque si no, no tiene otra explicación. ¡Fue un milagro de Dios!

Luego de una semana, nuestro viaje continuó en el tren que íbamos de Perú a Colombia, un viaje bien largo, se malogró y para tener una nueva conexión, tuvimos que bajar en una estación que no había nadie, parecía un desierto, lleno de arena. Los otros pasajeros del tren continuaron caminando hacia otra dirección. Nosotros nos quedamos en una caseta para esperar a la próxima conexión que llegaría en cinco horas, eso decía el letrero de horarios. Recuerdo que hacía mucho calor.

Mi enamorado me contó, que yo me senté en la arena y miraba fijamente un punto y me quedé en ese estado meditativo las cinco horas.

Este suceso me lo contó dos años después, porque yo no recuerdo nada, es cómo si no hubiera vivido ese momento.

Luego de aquello, viajamos a Bogotá, fuimos a hacer una visita con un grupo turístico a la montaña de Monserrat que es bien famosa en Colombia. Después de la excursión con el grupo, nos fuimos solos y preferimos caminar un poco por los alrededores, había una calle que quedaba cuesta abajo, se veía bien tranquila, las casas estaban en buenas condiciones, pero eso sí, no se veía personas, como yo no conocía ese país, tanto como el mío, pensé que era todo normal.

Mi enamorado, siempre llevaba su cámara fotográfica amarrada en su cintura con una cadena, él era un fanático de las fotos, tenía muchos recuerdos, cuando nos hemos encontrado después de treinta años, todavía guardaba todas las fotos de nuestros viajes.

Bueno, seguimos caminando, en eso vi dos hombres que venían en el sentido contrario a nosotros, pero noté, que eran muy indiscretos, porque miraban directamente la parte de la cintura de nosotros dos, creo que para ver si teníamos armas. Nos pasaron sin retirar su mirada. Eso me dio una sospecha muy grande y le dije a mi enamorado:

—¿Por qué nos miran tan extraño?

Le comenté que debíamos tener cuidado.

Nosotros empezamos a caminar más deprisa, hasta que empezamos a correr, ellos inmediatamente pusieron sus manos debajo de sus chaquetas y nos comenzaron a gritar:

—¡Stop, stop!

Debían pensar que no hablábamos español. Ellos sacaron las

manos de sus camisas y tenían tremendos cuchillos tan grandes como un hacha, recuerdo que eran muy grandes y filudos, eran hechos como de lata, unos cuchillos bien afilados.

Lo único que hice cuando los vi venir hacia nosotros fue llevarme mis manos a mi estómago, porque pensaba que me iban a meter ese cuchillo y les decía:

—No, no.

Se acercaron a nosotros, uno hacia mí y el otro fue hacia mi enamorado. Ellos le llegaban casi a un poco más de la cintura del austriaco, ellos se veían muy pequeños, típicos colombianos, que no son tan altos. En cambio, el austriaco pasaba el metro ochenta y bastante corpulento, él acostumbraba a llevar un cuchillo muy pequeño suizo, ya que tenía la bandera suiza, algo muy típico porque lo utilizan para diferentes necesidades. Era más doméstico que para defenderse, pero el austriaco sacó un cuchillo pequeño y se le enfrentó, le decía que le diese el maletín y este decía que no. El colombiano lanzaba cuchilladas para que le llegase a su cuello, pero él las esquivaba moviendo su cabeza y lo amenazaba con su cuchillo, que parecía un juguete al lado de las hachas que tenían ellos.

A mí, por otro lado, me tomó el colombiano del cuello con una mano y con la otra agarraba el cuchillo amenazándome.

—¡Dígale que entregue la maleta! —me gritaba.

Yo se lo pedía por favor, en cambio, seguía negándose.

En un momento me percaté de que el colombiano que me tenía del cuello estaba muy distraído mirando al austriaco, entonces, yo aproveché, y en un instante de vida o muerte, le di un codazo y me escapé corriendo muy aterrada en dirección a la pista de los autos para pedir auxilio, estaba a unos cincuenta metros de donde se hallaban en ese momento los dos colombianos con el austriaco.

Yo gritaba en la pista, mientras miraba qué pasaba con mi enamorado, estaba desesperada, era una pesadilla.

Pasó el primer auto, yo me puse en medio de la pista con los brazos arriba haciendo señales de auxilio y si no me aparto de la pista, hubieran pasado encima de mí, no pararon.

Seguí, pidiendo auxilio en la pista, muy asustada y preocupada por mi enamorado. Lo veía a lo lejos luchando, con los dos.

Hasta que vino un segundo auto, este sí paró, era un taxi, con muchas personas dentro, hacía transporte colectivo, abrieron la puerta y dijeron:

—Suba, rápido.

Seguidamente, le grité a mi enamorado:

—Ven, corre, ven.

Los delincuentes se asustaron y se fueron corriendo. Solo me gritaron:

—¡Maldita! —Pero tenían tanto odio en sus ojos, que si me hubieran tenido cerca me hubieran picado a pedacitos.

Subimos al taxi temblando, le dieron papel a Harald para que se secase la sangre, porque uno de los cuchillos había llegado a su cuello muy levemente.

Nos calmaron las personas del taxi, porque estaba tartamudeando, nunca había vivido de cerca algo tan espantoso. Les dimos las gracias, nos habían salvado la vida.

Cuando llegamos al hotel, nos abrazamos, yo estaba en shock, muy asustada, nos arreglamos y decidimos contar a unos policías que estaban cerca del hotel. Le dijimos que esto ocurrió cerca del cerro de Monserrat.

Aunque ellos nos dijeron que éramos unos privilegiados de estar con vida, que era el sitio más peligroso de Bogotá y que allí no entra la policía porque hay mucho riesgo a no salir vivo.

No podía creer lo que escuchaba. Una vez más, Dios nos salvó.

***

Durante un año, mi enamorado iba y venía de Austria a Perú a visitarme, hasta que cuando yo cumplí veintiún años me propuso ir a Austria para conocer y posteriormente casarme con él.

Bueno, yo acepté y también mis padres, ellos tenían mucha confianza en mí.

Pensé llevarme a mi hermana mayor conmigo para que tuviese un mejor futuro y gracias a Dios, mis padres accedieron.

En Austria, me encontraba muy bien, era todo tan distinto, tan limpio, muy bellos los paisajes, aunque mucho frío en el invierno. Fue en Salzburg, que vi, por primera vez, granizos de nieve caer. Yo estaba en una cafetería con él, y fue realmente fantástico, ver algo así.

Sin embargo, no me adapté, yo quería estudiar alemán, cosa que no hablaba en casa con mi enamorado. Él iba a trabajar muy temprano todos los días, me quedaba sola con mi hermana, salíamos durante el día a recorrer Viena y conocer, pero los fines de semana, salíamos los tres, a museos, parques, etc.

Me gustaba mucho el mundo del modelaje, ganar mucho

dinero y ayudar a mis padres y mis hermanos. Pensaba en ellos a diario. Sé que él hizo todo lo posible para que yo aceptase casarme con él y tuviera hijos, una familia, pero yo no estaba preparada para ser mamá tan temprano, quería conocer el mundo, ver más allá…

Una vez, saliendo con mi hermana, conocí a una morena de Haití, muy guapa, me dijo que trabajaba de modelo en Suiza.

Me habló de Suiza, que era un país muy rico y que, en el ambiente de modelaje, era muy adelantado internacionalmente, pues tenía frontera con Francia, Italia y Alemania. En especial, mencionó París, una ciudad que era muy potencial en el mundo de la moda.

Me quedé muy entusiasmada por todo lo que me contó, hablé con mi enamorado, claro que no le gustó la idea de yo irme a otro país, pero, yo en esos momentos era joven, muy decidida y tenía que hacer lo que me gustaba, no conformarme.

Finalmente, tuvo que aceptar, era mi vida.

Nunca perdimos el contacto y yo siempre lo visitaba, mientras estuve en Suiza.

Viajamos para Suiza, Zúrich, más concretamente.

Ahí aprendí el italiano, francés y el alemán, por eso yo hablo los tres idiomas.

Encontré una academia de modelaje, ¡estaba encantada! ¡Cómo me gustaba!

A pesar de todas mis compañeras de la academia, eran muy altas de estatura, yo tenía mucha seguridad para caminar en pasarelas, la profesora les decía:

—Miren a María Teresa cómo camina.

Siempre me ponía de muestra.

Obtuve mi certificado de maniquí y trabajé como modelo de pasarela y también fotomodelo.

Estuve también en el mundo de ventas, descubrí que el oro y las joyas eran lo que más usaban la gente, se vestían muy elegantes.

De ahí surgió una idea en mí, vender joyas de oro con diseños incaicos, los compraba en Perú y los vendía en las boutiques que se encontraban en una calle principal de Zúrich, la más cara del mundo.

Tuve mis clientes, les ofrecía mis joyas, y conseguía venderlas por diez veces más de lo que yo compraba en Perú.

En realidad, empecé a ganar muchísimo dinero, estaba haciendo lo que me gustaba que era modelar y también ventas, lo que hacía en Perú de muy temprana edad.

Mi motor siempre fue ayudar a mi familia, sin ese deseo, creo que no hubiera podido ganar tanto.

Aquí, pongo hincapié, lo que mi mamá me contó en los viajes que yo hacía a Perú cuando los visitaba. Que yo, a la edad de nueve años, les dije que iba a hablar muchos idiomas, iba a conocer muchos países e iba a tener mucho dinero.

Ella misma me lo contó, cuando yo tuve veinticinco años, porque estaba sucediendo lo que yo afirmé de niña. No recuerdo yo esa parte en la niñez, se borró de mi mente.

Luego de dos años de vivir en Suiza, envié un pasaje para mi hermana, que era dos años mayor que yo. Ella tenía su hijito, era madre soltera y no estaba pasando muy buena situación en Perú.

Ella vino a Suiza, yo estaba muy contenta, ya éramos tres hermanas, y al muy poco tiempo de vivir en Suiza, le presenté a un suizo francés, se conocieron, se enamoraron y se casaron. Tuvieron tres hijas.

Después, él viajó a Perú a conocer a la familia y al hijo de mi hermana que en ese momento tenía siete años y que se había quedado con nuestros padres.

El muchacho era bien travieso, siempre recuerdo sus trastadas.

Su hijito viajó con ellos, y se quedó a vivir en Suiza el resto de su vida, ahora es un joven de cuarenta y ocho años, con tres hijos maravillosos, una mujer y dos varones.

Y así invité a todos mis hermanos varones a Suiza, menos dos de ellos. El mayor, ya era independiente desde muy temprana edad, actualmente vive en Brasil y, por supuesto, mis padres, que viajaron varias veces, y se quedaban por largos periodos viviendo en ese hermoso país.

Tampoco viajó el sexto de mis hermanos, la razón, no la recuerdo exactamente, pero seguro no quiso viajar.

Todos los demás, han viajado a Suiza muchas veces, pero lamentablemente, no aprovecharon la oportunidad y no se quedaron a radicar. Actualmente viven en Perú.

Mi hermana mayor, que viajó inicialmente conmigo a Austria, conoció a un hombre suizo, muy amable, simple, hablaba perfecto español, había vivido anteriormente en España, tuvieron dos hijos maravillosos, un varón y una mujercita que ahora son unos jóvenes muy guapos.

Unos cuantos años después, en Suiza, conocí en el ambiente de modelaje a un hombre, era modelo también.

Cuando lo vi la primera vez tuve una sensación que era un familiar, un primo hermano o algo así, no lo puedo explicar, pero él no tenía el color de mi piel, era de tez blanca.

Nos llevábamos bien, en resumen, vivimos ocho años juntos.

Sin embargo, no fueron los mejores años de mi vida. Al primer año de conocerlo, me di cuenta de que era alcohólico, me involucré en muchos problemas por defenderlo, ya que era muy agresivo con las personas cuando tomaba alcohol.

Pero no sé por qué no podía salir de esa relación, era algo así como una dependencia que yo tenía, siempre me decía que iba a cambiar y nunca lo hacía y así pasaron los ocho años, llenos de subidas y bajadas.

Una vez, entre todas las mentiras que me decía, me convenció para tener la cuenta bancaria mancomunada, yo, por cosas de la vida, acepté, decidí confiar.

Un año después, de ver su comportamiento que iba cada vez peor, decidí, ir a ver mi cuenta en el banco y me sorprendí, porque no tenía nada. Sentí una inmensa tristeza y decepción, no por el dinero en sí, sino por el engaño. Me di cuenta de que yo era una persona muy inocente.

Había salido de casa de mis padres, a enfrentarme a la jungla, donde había personas con sentimientos que yo no conocía.

La envidia, en el ambiente que yo trabajaba, era muy común, había demasiadas personas que engañan así, y yo no podía entenderlo, no sabía que existía gente así.

Tuve que empezar nuevamente de cero, y pude recuperarme rápidamente con mi trabajo.

Durante ese tiempo y junto a mi hermana, ayudamos a mi papá a construir la casa económicamente. El resto de mis hermanos, también ayudaron, ya que trabajaron en la construcción que mi papá dirigía. La casa se terminó en seis meses. Muy linda, mis padres estaban muy contentos, dejamos la antigua casa en el barrio pobre y ahora vivían en la casa de sus sueños.

Fue muy gratificante ver todo ese proceso.

Cuando los visitaba, salíamos a comer casi todos los días y acudíamos a eventos con toda la familia, pasábamos muy lindos momentos.

Acostumbrábamos a viajar las tres hermanas siempre, cuando estábamos todavía solteras.

Fueron momentos inolvidables, veía a mis padres reír, sin ninguna preocupación por el dinero, era todo perfecto como un sueño de hadas.

Sin embargo, con la experiencia de la traición de mi pareja, entré en un estado de tristeza por tanta decepción, aunque misteriosamente, me volví muy espiritual, empecé a interesarme por el comportamiento del ser humano.

Me preguntaba una y otra vez de donde venía la envidia, ya que en el mundo de modelaje estaba a la orden del día.

No cabía en mí, yo no envidiaba a nadie, sabía que cada persona brillaba con su luz propia y nunca me comparaba, todo lo contrario, admiraba cuando veía a una persona con talento.

En Suiza, empecé a coleccionar unos libros pequeños que se

llamaban Selecciones, me gustaba, porque había frases filosóficas que me atraían mucho, frases y parábolas de la biblia.

Las empecé a guardar, no sabía por qué.

Poco tiempo después, nació en mí el deseo de hablar a los presos peligrosos de las cárceles, desde que tuve veintisiete años, creo que fue un llamado de mi alma, me interesaba ese tipo de personalidad, porque sabía que se habían quedado en algún trauma de la infancia, lo que los hizo cambiar su parte buena, su esencia o quizás alguna mala experiencia ya de adultos.

Quería contarles mi experiencia y así lo hice, después de quince años y que luego les voy a relatar; siempre el deseo permaneció vivo en mi corazón.

Viviendo con esta pareja, durante el transcurso de los ocho años, en una oportunidad, viajamos en auto desde Suiza a Dinamarca. En el trayecto pasamos brevemente por Suecia, un país totalmente desconocido por mí, en esos tiempos.

Estacionamos en un grifo, ahí había una tienda con objetos y adornos típicos de Suecia. Me llamó mucho la atención, una ropa de bebé. Noté claramente que era de varón, hecho en cerámica, color beige oscuro casi marrón, eran tres piezas: la parte de arriba la camisita del bebé, la parte de abajo era un calzón pañal y unos zapatitos, todo en cerámica y llevaba muy pequeño, la etiqueta de la bandera de Suecia, de este detalle me di cuenta unos años después.

Compré la cerámica y me lo traje a Suiza, lo puse de decoración en la pared de un cuarto espiritual de mi departamento, que lo utilizaba para meditar.

Después de un año, compré una casa en España en la Costa

Dorada. A una hora de Barcelona, concretamente en Tarragona, que estaba en plena construcción y tuve la oportunidad de hacer algunos cambios si yo deseaba.

La casa era de tres pisos, sótano, planta entrada y segundo piso. Yo los dirigía a los arquitectos y les decía que, en vez de utilizar, la parte sótano, como lo utilizan en España para guardar sus vinos. Yo quería hacer cuartos para mis huéspedes y quería muchas ventanas pequeñas, ellos se reían porque en España, no estaban acostumbrados a ese tipo de casas. Inclusive la llamaron la casa de las mil ventanas.

No sabía en aquel momento, que yo estaba construyendo una casa típica sueca con muchas ventanas en el sótano, que acostumbran a utilizar para lavandería y depósitos de las cosas de cada departamento.

Después de algunos años, cuando conocí Suecia, lo comprobé y me quedé asombrada.

Cuando la construcción quedó terminada, compré muebles, algunos los compré en Suiza y los traje a España, entre otras cosas, llevé la cerámica del niño que había comprado en Suecia, lo trataba con mucho cariño, aparte que el material era muy delicado. En uno de los dormitorios del sótano, puse la cerámica de decoración en la pared y la decoré de camas de madera. Todo muy rústico.

El otro cuarto, lo decoré más europeo, con camas muy modernas, y cuadros muy modernos.

Sueños Premonitorios

Durante mi vivencia en Suiza, a la edad de veinticinco años, me detectaron un fibroma, del tamaño de una naranja en mis ovarios, después de tener tantos dolores musculares en mis periodos menstruales, que me causó anemia.

Una noche soñé, que yo pasaba con un taxi, por la casa de mi sobrino Roger, que era muy pequeñito y le preguntaba si quería acompañarme en mi viaje, se veía claro en el sueño, que yo estaba triste y me estaba despidiendo, él me dijo que no, seguí a buscar a mi hermanita, la menor, tendría siete años en ese entonces, le pregunté lo mismo y me dijo que no y yo continué muy triste; a ellos los quería mucho, eran como mis hijos, mi hermana nació cuando yo tenía quince años.

Luego pasó otra semana, ya se aproximaba el día de la operación y unos días antes tuve un sueño, que fue como una pesadilla y cuando desperté, estaba muy angustiada.

Soñé que me encontraba en un pueblo, pero no había habitantes, solo un grupo de personas que me querían matar, yo corría y corría para escapar, cruzaba las pistas, cruzaba las calles y veía un taxi, lo paré y el chófer me llevó a otro grupo de personas que querían acabar con mi vida, milagrosamente escapé de ese grupo de personas que eran encapuchados. Me subí a un edificio, subí las escaleras hasta arriba y en la azotea encontré otro grupo de personas que me llevó ante un señor con barba blanca, estaba sentado. Yo pensé que ya no podía escapar, estaba cansada y pensé que era el final, me rendí, pero el señor me dijo con una voz seria y firme, muy serena:

—Esta vez, me va a perdonar, pero yo tenía que irme a un país que nadie me conozca.

Era el Maestro Jesús de Nazaret. Después de muchos años después entendí el mensaje, era el país de Suecia, donde vivo actualmente.

Asumí que se refería a Suiza, era un país muy rico, pero también había mucha libertad. En el mundo de modelaje, había mucha envidia y competencia, fácilmente se podría una modelo perder en drogas, alcohol, etc.

Llegó el día de la operación, estuve en una sala del hospital compartiendo con otras tres personas, hicimos bonita amistad todas, al siguiente día me llevaron para operarme, todo salió bien, pero cuando me regresaron a la sala después de operarme, me dejaron un aparato con cordones que estaban en mi corazón, era como un electrocardio y se quedó conmigo. Todos me preguntaron por qué tenía ese aparato, les dije que no sabía. Luego en la tarde vinieron mis amigas a visitarme, me trajeron frutas. Yo la verdad que me sentía fantástica, me senté y parecía que no me habían operado, pensé que iba a salir ya el próximo día.

***

Ese mismo día, en la noche, ya durmiendo, desperté saltando de la cama, con todos los cables que tenía, el aparato que me habían dejado era para reanimarme el corazón cuando se parase; parece que los doctores sabían que iba a tener un paro cardiaco, pero no me dijeron nada, para no asustarme.

Sonó la alarma, llegaron muchos doctores y enfermeras, yo seguía saltando y el pecho me ardía como fuego, luego me estabilizaron, pero quedé con ese dolor en el pecho unos días más, especialmente cuando me iba a dormir, que sentía como una angustia. Estaba siempre en observación.

Allí entendí, que Dios, en ese sueño, me dijo que me iba a salvar la vida en esa ocasión.

También tuve un sueño que se repetía muchas veces y siempre me despertaba llorando muy triste. Soñaba que mi mamá me decía que en qué cosas yo les había ayudado a ellos y también toda mi familia, eso me daba mucha tristeza porque yo siempre los ayudaba en esos momentos. Pero esto ocurrió después de unos años, tal como yo lo había soñado.

Durante mis años en Suiza, me di cuenta de que tenía un trauma con mi mamá y siempre, cuando tomaba alguna copa con mis amigas, les hablaba de lo mismo, cuando mi mamá me castigaba dejándome sin comer un mes, cuando le contestaba mal y eso me dolía mucho hasta la edad casi de treinta y cinco años, después que tuve a mi primer hijo, desapareció ese trauma, curiosamente.

LEY DEL KARMA Y VIDAS PASADAS

Una noche, mientras dormía, tuve una regresión a vidas pasadas, escuché una voz que me dijo —lo recuerdo como si fuera ayer— que aguantase la respiración y yo salía de un ombligo y el cordón umbilical me sostenía y yo caía de cabeza hacia abajo, sentí un vacío en el estómago por la forma como caía a toda velocidad y cuando llegué me vi arriba, a mí misma.

Era una finca, el piso era de tierra, había poca luz, parece que había solo lamparines. Yo estaba mirando a un hombre, era como un capataz en una hacienda, tenía sus esclavos y sostenía un niño recién nacido en las manos. ¡Ese capataz era yo! Mi mamá estaba frente a mí de rodillas, ella era mi esclava, que me pedía por piedad llorando que le diera a su hijo y yo le decía gritando que no.

Me dio mucha tristeza de ver a mi mamá así desde arriba.

Entendí que eso fue en vidas pasadas. Mi mamá fue mi esclava que tuvo un hijo conmigo. Le quité a ese niño, y él fue el hombre que conocí en esta vida, que me quitó todo mi dinero del banco en Suiza.

Me hicieron ver cuál fue la razón que yo vivía, ese karma con mi mamá y que lo estaba pagando en esta existencia.

Después desperté, pero en ese momento, no era tan consciente porque no le di mucha importancia hasta los últimos años.

Sin embargo, me di cuenta, en esta vida, que mi mamá le tenía mucho cariño a ese hombre, cuando la visitaba en Perú, era algo muy especial, ella se reía bastante con él. Yo la veía muy feliz.

Con el tiempo, entendí cuál fue el rol mi pareja, él era su hijo en otra vida.

Sincronicidades de mi destino

Luego empecé a viajar por muchos países con mi pareja, pero también viajé sola a Haití, Cuba y Brasil. En una ocasión, cuando yo estaba sola en Cuba, en mi hotel, quise hacer una siesta y soñé que un cubano que era delgado, típico cubano, me decía que yo iba a conocer a mi pareja en un aeropuerto a las siete de la noche.

Recuerdo que yo iba muchas veces al aeropuerto de Zúrich a esa hora a ver si conocía al amor de mi vida, ya que ya había terminado esa relación anterior.

Iba muy ilusionada en el aeropuerto hasta que me cansé, y me dije a mí misma: «Ya no voy a pensar más en eso y listo».

Así pasó, creo ocho meses y... una vez viajé a Perú sola y le dije a mi familia si quería viajar conmigo a México para conocer el país, no quisieron.

Le pregunté a mi hermana menor si quería conocer Cancún, que se viniese conmigo, y mi mamá me dijo:

—¿Por qué no viajas sola? ¡Disfruta la vida! ¡Tú siempre quieres llevar a alguien!

Y finalmente, así lo hice, me fui a Cancún sola, a ese país que no conocía.

Mi viaje a Cancún

Llegó el día de mi viaje, lo hice sola, algo nerviosa y tímida, pues sabía y que Cancún era un lugar romántico, donde la mayoría iba en pareja. Claro, planifiqué mi viaje, reservé un hotel en Perú, en una zona bonita en Cancún, lo vi por una agencia de viajes, cuando llegué allá, tuve una gran decepción, pues el lugar no era tan bonito ni nuevo como las fotos. Así que, pasé la primera noche, luego decidí buscar yo misma un buen hotel con todas sus comodidades.

Encontré uno precioso, muy buena atención del personal del hotel, busqué agencias turísticas para conocer sitios típicos en el sitio, fue realmente un viaje muy lindo. Conocí a muchas personas nuevas en el grupo turístico que iba, tenía mi guía turístico para mí.

Me venía a recoger del hotel, para llevarme a algunas islas. Un viaje lleno de aventuras. Me quedé diez días en Cancún.

Fui a las discotecas, islas vírgenes y sitios de comida típica del país, con mariachis que cantaban en los restaurantes.

Luego quise viajar a Acapulco, es un sitio bien tradicional, pensé yo, ¡debo conocerlo! En mi viaje a Acapulco, tenía que pasar de tránsito en el aeropuerto de México, que es la capital. Un aeropuerto muy grande, tuve que esperar una hora para continuar a Acapulco, mi destino final.

Estaba muy distraída y de repente vi casi a doscientos metros un hombre rubio, alto, elegante. Era alto, pero yo lo vi como un gigante en medio de la gente y una luz dorada que iluminaba sus costados.

Todas las personas que estaban cerca de él le llegaban a su cintura. Cuando yo lo vi, me dije a mí misma, con este hombre me gustaría casarme. Fue un flechazo, parecía que existía solo él.

A la misma vez, sabía que era un gerente, y estaba molesto porque sus empleados habían hecho un mal trabajo —esto me lo confirmó él, cuando hablamos después— lo contaré más adelante.

Me quedé tan impactada, que me quedé estática e inmediatamente reaccioné, porque sentí timidez y vergüenza de haberme quedado mirando tanto tiempo.

Él, a su vez, cuando me vio, se le cayó unos fólderes que llevaba por mirarme, a pesar de que estábamos de lejos uno a otro. Él tuvo que recoger sus cosas del piso. Llevaba un maletín de cuero claro en la mano. Él sabía mi estado emocional, cómo yo me sentía en ese momento —me lo dijo después—. ¡Increíble!

Yo sonreí y me volteé para seguir mi camino, cabizbaja... Seguí caminando, pasé un pasillo largo, tenía que ir a una sala, el número no lo recuerdo, pero el aeropuerto era grandísimo, Perdí de vista a ese hombre, me olvidé, buscando mi sala de espera.

Llegué a la sala con destino a Acapulco, me senté a esperar y pasó algo más de quince minutos, y cuál fue mi sorpresa que ese hombre entró en la misma sala.

—¡Wuauuu! —dije yo por mis adentros.

Sentí timidez, pero también me atraía enormemente. Él me vio, su mirada bien elegante, me miró y se sentó el asiento continuo frente a mí, me miraba los zapatos, yo sé que quería hablarme, pero creo que se puso tímido, y empecé a hablarle yo, no pude esperar, le pregunté si tenía un cigarro, para iniciar la conversación.

Mi forma de ser no era así, yo nunca había iniciado una conversación a un hombre, todo lo contrario, ellos siempre me hablaban primero, pero con él no pude esperar, no sé qué me pasaba realmente, algo que no podía controlar.

Él me dijo que sí y me dio un cigarrillo. Me preguntó mi nombre y yo el de él.

Me preguntó de donde era, le dije de Perú, pero que vivía en Suiza. Él me dijo que era sueco, pero trabajaba en Acapulco...

—¡Qué interesante! —le dije—. ¿Y qué haces en Acapulco?

Le pregunté, me dijo que era gerente de unas boutiques, luego me contó que sus empleados habían imprimido mal los T-shirts y estaba molesto con ellos. En ese momento, pensé, pero si eso es lo que yo vi cuando lo vi por primera vez. Parecía que lo conocía muy bien...

Me dijo qué hacía, le respondí de vacaciones. Me preguntó si me quedaba en Acapulco y si sabía dónde me iba a hospedar.

Le dije que decidiría cuando llegase a Acapulco.

Me recomendó un hotel que estaba cerca a sus boutiques y que era muy bueno.

Llegó la hora de abordar el avión, yo me senté, en el asiento que me correspondía. El asiento de él era más atrás.

Apenas arrancó el avión, se sentó junto a mí, parecía que yo me iba a escapar.

Hablamos todo el viaje, no fue mucho, creo cuarenta minutos. Me sentía cómoda hablando con él.

Llegamos a Acapulco, hacía bastante calor en el aeropuerto, parecía un horno, se escuchaba los cantos de muchos pájaros que estaban en una jaula, parecía la decoración del aeropuerto, muy tropical.

Él me dijo, que, si yo deseaba, podía enseñarme el hotel, le dije que perfecto.

Nos fuimos en un taxi. Llegamos al hotel, se veía acogedor por fuera, me registré en la recepción.

Él se fue, pero antes, me preguntó si yo aceptaría una invitación a cenar esa noche, que pasaría a recogerme en la recepción en dos horas.

Por supuesto, acepté.

Una vez en mi habitación, yo me duché, me cambié, y me sentía como una adolescente feliz.

A la hora dicha me llamaron de la recepción, diciendo que había un señor que me esperaba abajo.

Yo me vestí muy bien. Como acostumbraba. Él tenía un Volkswagen verde, subí y me llevó a un restaurante precioso, tenía subidas de rocas y las mesas estaban en la montaña, muy romántico, con lamparines en cada mesa. Se llamaba El Campanario, bien elegante y muy grande, había una recepción en la entrada, y preguntaban si habíamos reservado una mesa, él ya lo había hecho.

Nos sentamos, creo en la mesa número 25. ¡Todo era fantástico, qué lugar tan impresionante! Muy romántico.

¡Era grandísimo ese lugar! Recuerdo que me paré para ir al baño, y ya no me recordaba donde quedaba la mesa, me acerqué a la recepción del restaurante, le dije que no me acordaba de mi mesa. Me preguntó a qué nombre estaba la reserva y para colmo, no recordaba su nombre. ¡Qué vergüenza!

Gracias a Dios, un mesero me reconoció y me llevó a la mesa. Cenamos delicioso, vinieron los mariachis y nos cantaron en la mesa. ¡Inolvidable!

Tuvimos una bonita velada cuando cenamos. Me acompañó al hotel y se despidió en la recepción, acordando que pasaría por mí al siguiente día a mediodía, para enseñarme Acapulco... Caminando con él por la ciudad, de repente recordé mi sueño, el que tuve en Cuba, que me decía que iba a conocer el amor de mi vida en un aeropuerto y, por curiosidad, le pregunté:

—¿A qué hora nos conocimos en el aeropuerto de México?

Él me dijo que eran las siete de la noche más o menos.

Me quedé pensativa, pero no asombrada.

Pasé unos lindos momentos en Acapulco, él me enseñó los lugares típicos acapulqueños, entre otros sitios fuimos al puerto, donde se comía pez recién pescado, ese olor a mar típico, las personas eran bien gentiles, muy alegres, amables y con el acento mexicano, muy querido en mi país. Él tenía un acento mexicano también, se le escuchaba bien gracioso.

Pasé unas estupendas vacaciones en Acapulco.

«Tenía razón mi mamá, que me aconsejo viajar sola», pensé porque la estaba pasando fantástico

Dos días después, me invitó a cenar en su casa, me dijo que quería prepararme una especialidad típica de él.

Era buen cocinero me dijo.

Bueno lo pensé un momento, porque no era usual en mí que yo aceptara, sin embargo, lo hice. Me dije a mí misma, ¿por qué no?

De alguna forma me inspiraba confianza.

Recuerdo que preparó unos espaguetis a la carbonara.

Y tenía razón, estaba delicioso, fue una velada bonita, tomamos vino rojo y de postre no recuerdo qué fue.

El tiempo se pasó volando, conversando muy amenamente, y ya era bien tarde, de noche.

Me preguntó, si quisiera podría quedarme a dormir en su casa hasta el otro día, yo era y soy bien conservativa, nunca me había quedado en una casa a dormir con una persona que no conocía muy bien... Lo pensé por un momento y me dije a mí misma para mis adentros... «Bueno, voy a aceptar, pero si trata de hacerme algo, grito y me voy».

Le dije que sí, pero iba a dormir en el sillón y él podría dormir en su dormitorio.

Él aceptó, pero me dijo si podía traer su colchón para dormir en el piso y hacerme compañía. Acepté.

Cuando dormí esa noche, tuve un sueño premonitorio muy claro, que a pesar de ser por señales entendí muy bien todo el mensaje, como una historia.

Lo recuerdo tan claramente, como si hubiera sido ayer.

Yo estaba a un extremo de un camino, como si fuera una pasarela, en todo lo largo de la pasarela había abejas blancas en fila por los dos lados. Se le sentía el ruido de las abejas como que quisieran picar. Al otro extremo de la pasarela estaba mi papá y me esperaba que yo caminara sola todo el camino.

Se veía, en el sueño, que yo tenía que recorrer sola todo el camino. Él no podía acompañarme.

Él me decía desde el otro extremo:

—Cuidado que te pican.

Picar en Perú tiene doble sentido, quiere decir también robo.

Yo, a la vez, muy nerviosa de recorrer ese camino largo, me daba muchos nervios las abejas, cómo se movían y el rugido que hacían, me daba como un nervio en todo el cuerpo, eran todas iguales blancas y el ruido... Sentía algo así como una fobia.

Cuando me desperté y lo vi abajo, durmiendo en su colchón me dije: «¿Qué? ¿¡Con él me voy a casar?!».

Sabía que yo me iba a casar con él. Porque las abejas blancas, eran matrimonio y lo que vibraban eran que estaban esperando que yo hiciese un mal movimiento para lanzarse encima de mí.

En ese sueño me estaban pronosticando el futuro que me esperaba.

Era totalmente cierto. No sé cómo explicarlo, pero eso iba a suceder cien por cien. Estaba segura.

Yo traduje el sueño, como si estuviera viendo una historia, pero todas las abejas eran él y toda su familia, que tratarían de quitarme mis pertenencias.

Yo, como estaba tan ilusionada con aquel hombre, acepté, y me dije a mí misma: «Bueno, no importa, ¡yo no voy a dejarme!».

Y, asimismo, pasó después.

Luego de diez días de pasarla muy bien entre discotecas, restaurantes, paseos en islas y conocer un poquito Acapulco con él, llegó el día que tenía que regresar al aeropuerto de México para tomar mi avión que iba de regreso a Perú.

Le conté toda la historia a mis padres y hermanos, estaba bien ilusionada, me sentía enamorada.

Él me llamaba los domingos por teléfono, ¡¡cómo esperaba yo esas llamadas!!

Hasta que él se decidió viajar a Perú para verme y conocer a toda mi familia.

Yo tenía un departamento alquilado en Perú, durante mi estancia por vacaciones, me gustaba vivir sola para respetar de alguna forma el horario de la casa de mi papá, ya que a mí me gustaba salir a cenar, bailar, etc. A veces llegaba muy tarde en la madrugada y prefería vivir sola por respeto a mis padres. Pero por supuesto que los visitaba y salíamos juntos.

Llegó el día que su vuelo aterrizaba a Lima y yo lo esperé muy emocionada en el aeropuerto, recuerdo que fui con mi hermano y mi cuñado.

Los presenté a todos, le había buscado un hotel muy bueno para su estancia. No quedaba tan lejos de mi departamento.

Cada día nos veíamos.

Le enseñé mi departamento de soltera. No convivíamos, pero estábamos todo el día juntos, nos íbamos a la playa, le enseñé las peñas, lugares donde se toca la música folclórica, etc.

Le gustaba mucho la comida peruana, especialmente el ceviche, un plato típico peruano, pescado crudo, cocido solo con limón y chili. Le encantó el Pisco Sour.

Llegó el momento tan esperando por mí: presentarle a mis padres.

Preparé una cena en mi departamento e invité a mis padres para que lo conocieran.

Fue muy emocionante, mi mamá, con su carácter tan risueño, le hacía bromas y mi papá, más conservativo, hablaba de todo lo que tenía para ofrecer Perú a los extranjeros, entre otras cosas le habló de Machupichu.

Llegó el momento del té, luego de haber cenado, y él me pidió mi mano delante de mis padres, para que le dieran su consentimiento para casarse conmigo.

Mi papá le hizo broma y le dijo:

—No solo la mano... llévesela toda completa.

Todos estábamos felices, a mi novio lo noté nervioso, pero después me contó que en Suecia no era así, era más privado el quererse casar, no necesariamente se pedía la mano, pero Sudamérica es más conservativo, Europa es más abierto.

Viajamos al Cuzco, juntos a conocer Machupichu. Para subir en esas montañas tan elevadas, se tiene que masticar hoja de coca para no sentirse que falta la respiración. Estuvimos en la plaza de armas con los paisanitos. Una belleza de cultura, y el clima fantástico, era muy frío, pero con sol.

Él recordaba, cuando ya teníamos años de casados, que, en ese viaje, fuimos a un hotel y yo le dije a la recepcionista que quería dos habitaciones, pero no había disponibles en ese momento, entonces tomamos solo una habitación. Pero cuando yo quería cambiarme de ropa, me entraba en el ropero para que no me viera desnuda. Él me contó esto después como una anécdota, yo la verdad que no me recordé de ese detalle, pero él nunca lo olvidó, me decía, que era extremista, aunque ya me había visto en bikini cuando estuvimos en la playa en Lima, pero nuestra relación era de besos solamente.

Quizás se sienta muy a la antigua, pero en realidad, yo tenía mis valores y principios propios de lo que era una relación seria, era coherente con lo que pensaba y hacía. Para mí una relación seria, era primero conocerse bien y luego después quizás de tres meses, tener relaciones íntimas. En este caso, fue después de cinco meses, que hubo sentimientos de mi parte.

Él regresó a México, a recoger todas sus cosas, y luego se embarcó a vivir definitivamente en Suecia, donde tenía toda su familia.

Luego yo también regresé a Suiza, donde vivía, de ahí teníamos mucha comunicación, me presentó a su mamá por teléfono.

El idioma alemán con el sueco se podía entender un poco.

Por mi parte era la primera vez que escuchaba el sueco porque hablaba el alemán en Suiza. Así que estuve un poco nerviosa cuando hablé con su mamá, me preguntaba cuando iría a Suecia para conocerme.

Llegó una buena ocasión para viajar a Suecia, una sobrina de mi novio iba a contraer matrimonio, había una gran fiesta y él decidió invitarme, así era una gran oportunidad para conocer a toda su familia.

Pensé que hablando inglés no tendría problemas para la comunicación, ya que en Suecia es el segundo idioma.

No sabía que regalo llevar para la fiesta, entonces decidí enviar por correo como embalaje delicado, una rosa hecha de cristal era bien sofisticado, pero cuando llegué a Suecia, me di cuenta de que es un país donde se fabrica el cristal. Así que no fue ninguna novedad.

Me compré un vestido de seda color melón en Suiza, que era una primicia de un desfile de modas, y un chal que me cubría los hombros hecho de seda color melón con rosas del mismo color y zapatos de seda a juego.

Pensé, que como yo vivía en Suiza, estaba acostumbrada a asistir a fiestas, en especial matrimonio bien elegante, y pensé que iba a estar bien vestida, pero cuando estuve en la fiesta me di cuenta de que yo estaba demasiado elegante, muy excéntrica y en Suecia se acostumbra a vestir elegante, pero muy simple.

Me dio un poco de vergüenza, yo parecía una árabe rica y era como un lunar en la reunión... Pensé por mis adentros, que, si lo hubiera sabido, hubiera escogido uno de los que tenía en casa y me hubiera evitado todo el estrés, pero de todo se aprende.

Cuando llegué en el aeropuerto de Linkoping, me recogió mi novio y su hija, en un Mercedes rojo pequeño descapotable, él salió a recibirme y su hija, que tenía quince años, en ese tiempo, me recibió con una rosa roja en la mano.

Ese mismo día me contó que su amigo le había prestado el Mercedes para que me recibiese, me pareció bonito detalle.

Fue muy bonito la forma en que me recibieron, yo estaba nerviosa, pero a la misma vez contenta de verlo otra vez.

Fuimos los tres al departamento, ya que su hija vivía con él, arreglé mis cosas, me enseñó todo, el departamento era pequeño, y también era bien simple, así no me lo imaginaba. Yo estaba acostumbrada a vivir en Suiza, estuve quince años viviendo en ese país, y los departamentos eran bien lujosos.

También, en Suecia él me dijo que trabajaba de profesor, pensé que trabajaba de gerente, creo sobre el trabajo no habíamos hablado muy claro antes.

Luego, me enseñó cuadros que tenía en su departamento, y me llamó mucho la atención un cuadro hecho de lana que estaba en su pared, tenía motivos incaicos. Me dijo que fue un regalo que su amigo le hizo en México y era de Perú, y da la casualidad de que fue el mismo año que yo compré la cerámica de un niño en Suecia, cuando estuve de tránsito viajando hacia Dinamarca. Esa cerámica de un niño que tenía la bandera de Suecia.

Fue bien misterioso, cosas que nos pasó paralelamente a los dos.

También me di cuenta, que las casas, que tenían departamentos como edificio en Suecia, tenían el sótano, como yo lo había diseñado en España, con algunas ventanas pequeñas, en conclusión, yo construí una casa en España la parte del sótano típica sueca. Había comprado una cerámica de ropa de un niño en Suecia con banderita sueca pegada, cuando yo era soltera, unos cinco años atrás y el mismo año a él le regalaron un cuadro hecho de tela incaico de Perú.

Otra sincronicidad del destino, se puede decir, seis meses antes de que lo conociera a él. Soñé en Cuba, cuando viajé sola. Que un señor cubano en mis sueños me daba instrucciones y me decía que yo iba a conocer a mi pareja en un aeropuerto a las siete de la noche.

Y así pasó, lo conocí en el aeropuerto de México y fue a las siete pm.

Siempre he pensado sobre todo esto que me sucedió, pero a veces lo contaba y no me creían.

Y ahora, decidí escribir un libro.

Bueno, volviendo a mi historia, conocí en el matrimonio de su prima a toda su familia, todos muy simpáticos, hablaba inglés con casi todas las personas, ya que es el segundo idioma de Suecia, aparte del sueco, con mi novio hablaba español y con su hermano hablaba alemán. Con sus padres, me traducía mi enamorado, porque ellos no hablaban muy bien el inglés, pero su hermana, cuñado y otros miembros de la familia hablaba inglés, sin problemas.

Me llevó a diferentes sitios en Linkoping para conocer, también hemos ido a Stockholm, capital de Suecia, me enseñó museos con su hermano, que vivía allá.

Visitamos también el castillo de los Reyes de Suecia, el

Parlamento, etc.

Fue muy interesante todo el recorrido, su hija muy simpática, sentí que estaba un poco celosa con nuestra relación, pero eso yo lo podía entender, porque antes tenía a su papá solo para ella, pero ahora lo tenía que compartir. También yo no era tan madura en esos tiempos, yo tenía treinta y cinco años, pero no había vivido una situación semejante antes.

ENCUENTRO CERCANO A LA MUERTE

Sucedió algo, que nunca voy a olvidar cuando estuve en Suecia con mi novio. Una tarde, en su departamento, me quise bañar en la ducha. Su departamento era bien pequeño, por lo tanto, su baño también. Tenía una ducha, la sala estaba al lado, gracias a Dios, porque si no, no hubiera escuchado.

Entré a ducharme, y a mí me gusta ducharme con agua bien caliente, el baño se llenó de vapor, y sentí que me estaba faltando el aire, y eso fue lo último que sentí.

Al parecer, yo me caí desmayada al piso y él escuchó un ruido de repente, así me contó.

Después de la sensación de falta de aire y mareada, crucé la pared de losetas y en vez de pared de losetas era una entrada con una inmensa luz amarilla que llenaba todo lo ancho de la pared, esa luz era agradable, no me encandiló los ojos, yo me sentía bien, como en mi casa entré dentro, sentí mucha paz y seguridad, no sabía lo que estaba pasando, solo sentí que era algo natural, no tenía miedo, me sentí muy muy serena, como en mi casa.

Hasta que, al lado izquierdo de mi cabeza, vi a un señor con barba que me habló con una voz bien potente, demasiado potente, que inspiraba respeto. Y me dijo:

—Soy Jesús —pronunció lentamente y fuerte.

Al lado derecho había un muchacho moreno, más o menos de diez años, tenía un saco negro y pantalones claros, yo entendí que era un familiar que venía a recogerme.

La comunicación era telepática, sin palabras y yo entendía todo, creo que él escuchó al Señor, que decía Jesús. Pero yo siempre pensé que era mi hermano que se llama Jesús, cuando era pequeño, el niño que estaba a mi derecha.

Entonces, entendí que yo había perdido la vida y había trascendido, pero yo me preguntaba a mí misma en ese momento, que hace aquí mi hermano si él no ha muerto.

Sé que cuando una persona fallece vienen los familiares fallecidos a recibirlos. Y el niño que vino a recogerme solo, no lo identificaba físicamente, no era conocido para mí, pero sí estaba segura de que era un familiar.

He tenido una confusión muchos años, quizás por no creer que el señor que me habló fue el MAESTRO JESÚS. Mi mente no podía creerlo.

Como tengo un hermano que es dos años menor y se llama Jesús, yo pensé que el niño que veía a mi derecha de diez años era mi hermano Jesús y asocié la voz de JESÚS DE NAZARET, pero pensé que era mi hermano, no podía creer quizás lo que me estaba pasando con Dios, pero sí sabía que estaba trascendiendo. Me pregunté: «Qué hacía allí mi hermano Jesús si él estaba vivo y vivía en esos momentos en Santo Domingo...?».

Le pregunté si él había tenido un encuentro cercano a la muerte en el año 1992, me dijo que no, pero sí había estado bien enfermo del estómago.

Atribuí esto por muchos años.

He contado esto a muy pocas personas. Hace dos años, de repente empecé a llorar en un bus al darme cuenta de que era Dios quien me había hablado.

No recuerdo qué me dijo, pero es obvio que me dijo que todavía no era mi momento y tenía que regresar.

Cuando yo regresé a la escena del departamento me vi a mí misma, en la sala sobre las piernas de mi novio, yo tenía los ojos abiertos. Había fallecido con los ojos abiertos, él me estaba tirando cachetadas y llamándome por mi nombre, mi alma entró en mi cuerpo, pero lo que más me costó fue ver con los ojos, no podía ver a pesar de tenerlos abiertos.

Los sentí muy duros, como vidrio, las pupilas muy duras y, finalmente, con mucho esfuerzo pude ver. Me quedé como tonta, había estado en otro sitio, estaba pensativa, no le conté nada a mi novio... «No me va a creer», pensé. Supongo que me dio un infarto del corazón cuando me duché.

Luego de tres días comprobé que estaba embarazada de mi primer hijo, y eso es lo que seguro me dijo el Maestro Jesús, por eso tenía que volver. Pero en realidad yo no quería volver, es algo que no tengo palabras para describirlo, yo me sentí en mi casa, con paz, como si conociera ese lugar de toda mi vida y había vuelto, no había miedo, ningún sentimiento negativo, parecía que, al estar aquí, en la Tierra, nos olvidamos de nuestra verdadera casa, donde va nuestro espíritu.

Regresé a Suiza luego de una semana, pasé mi embarazo allá hasta los seis meses.

Nos comunicábamos siempre por teléfono y organizamos para yo poder mudarme a Suecia. Él se puso de acuerdo con su papá para recogerme en auto y poder llevar algunas cosas mías a Suecia, pero cuando llegaron a recogerme, nos dimos cuenta de que no iba a poder resistir un viaje tan largo en auto por mi embarazo.

Se regresaron ellos solos a Suecia, y decidimos que yo viajaría en avión antes que cumpliese los siete meses de embarazo, que es lo que se requería para viajar en avión si no puede ser un riesgo para el bebé por la presión del avión.

Cuando cumplí los siete meses de embarazo, me mudé a Suecia, estudié el idioma en la escuela estando embarazada, fue muy entretenido, hice muchas amigas en la escuela, conocí a muchas sudamericanas y también de todos los países, era una escuela internacional. Interesante, porque cuando se llega a Suecia, no importa la edad, ni la profesión, sino que se debe empezar estudiando el idioma.

Así asistí a mis clases hasta que pude con el embarazo.

También recuerdo, antes de estar embarazada, viajé a España con mi novio, para que conociera mi casa que había construido de soltera. Le gustó muchísimo, pasamos muy buen tiempo conociendo Barcelona y Tarragona, donde se ubicaba mi casa.

Le enseñé todos los cuartos, incluido el cuarto donde tenía el adorno de cerámica de un niño con la bandera de Suecia, pero ni él ni yo, éramos conscientes de lo que estaba sucediendo en esos momentos a pesar de que yo había tenido todos esos rompecabezas del destino de mi vida.

Ahora que soy consciente y puedo recopilar toda mi vida, es que puedo escribir este libro.

***

Después de que él conoció mi casa, me imagino que lo habría comentado con toda su familia, como es normal, pero ese fue el motivo que toda su familia, me presionaba para vender la que era mi casa de España, después que contraje matrimonio con él y estaban pendientes de todas mis cosas como si les pertenecieran a ellos. Sé que en Suecia y sobre todo cuando se contrae matrimonio se tiene que luchar la pareja juntos para progresar, pero yo no entendía por qué se debe compartir algo que me costó mucho esfuerzo a mí sola en el tiempo de mi soltería. Yo hice separación de bienes antes de casarme y ahí estaba incluido mi casa de España y mis cuentas bancarias en Suiza.

Pero después de casarme, me presionaban para que yo vendiese mi casa, eso me disgustaba.

Allí vi mi sueño revelado después de tres días de haberlo conocido, todas esas abejas blancas eran toda su familia, que esperaban que yo hiciera un mal movimiento para picarme. Todo esto me informaron en mi sueño, pero yo acepté, y dije que yo no me iba a dejar, porque no era tonta.

Después, cuando estuve en Suecia, ya embarazada, me di cuenta de que él era alcohólico, y tenía muchas deudas, entiendo que él fue la oveja negra de su familia y esta me había visto a mí como una solución para que él cambiara y a la misma vez para que le pagara todas sus deudas que tenía con sus padres y otras cosas.

Así lo pude comprobar cuando me mudé a Suecia, solo se hablaba de deudas.

Esta relación con el sueco era como una continuación de mi anterior pareja, era como si estuviera continuando la historia, pero esta vez fue con un niño. Eran las mismas características.

Después, con el tiempo, que estudié la espiritualidad, pude entender por qué se repitió la misma situación, pero con otra persona. Son causas karmáticas, que se repiten una y otra vez, hasta que uno mismo decide aceptar y separarse sin ningún rencor, y deseándole todo el bien para la persona.

Es la única forma para que no se repita la lección.

He aprendido que hay que aceptar la voluntad de Dios, eso no quiere decir estar de acuerdo con la persona, pero se debe esperar a que esa situación ya no le quite la paz. Entonces, habremos aprendido la lección que la persona nos vino a enseñar.

SON NUESTROS ESPEJOS.

En mi caso, las dos experiencias me enseñaron a que debía tener AMOR PROPIO.

Y por las heridas de nuestra infancia, no nos valoramos, no nos respetamos y somos muy apegadas a las personas y eso lo proyectamos en nuestra vida adulta, cuando no se cura sus traumas, heredados de nuestros padres, que, a la misma vez, tienen sus propias heridas no curadas e hicieron todo lo mejor que supieron con las herramientas que tenían.

Con estas heridas salimos al mundo y vamos buscando ese

vacío que no tuvimos desde niño.

He estudiado, por medio de la espiritualidad, que nosotros somos almas y que antes de reencarnar aquí en la Tierra hacemos un contrato almático con otras almas para que vengan y sean nuestros espejos, para ayudarnos a evolucionar y a recordar quienes somos.

Seres espirituales viviendo una experiencia humana con este cuerpo, que es nuestro vehículo, nuestro ego, para poder estar en este mundo terrenal de la tercera dimensión.

Nosotros, en el plano espiritual, antes de reencarnar, escogemos a nuestros padres, hermanos, amigos y todas las demás personas que nos han marcado en esta vida para bien o para mal.

Porque todo es para nuestro crecimiento espiritual.

Cada una de estas almas, iba a tener un rol, como una película para actuar según lo que venimos a aprender.

Pero qué pasa cuando nacemos. Olvidamos todo nuestro contrato, por eso que nos quejamos y casi siempre damos la culpa a los demás, sin saber que nosotros mismos hemos diseñado cómo va a ser nuestra vida terrenal, con el único afán de evolucionar como espíritus y, por ende, poder pasar todas las materias que tenemos que aprender para no regresar una vez más a tener las mismas experiencias.

EL PODER DE DECRETAR EVENTOS DEL FUTURO Y VISUALIZARLO

Voy a retroceder en el tiempo. Cuando yo era soltera y vivía en Suiza, viajaba a Perú casi una vez al año. En una ocasión le dije a mi papá, mirando al cielo y bien convencida, que cuando me casase me iban a llevar en una carroza con dos caballos blancos.

Curiosamente, después de muchos años, yo ya me había olvidado de lo que le dije a mi papá, hubo una pareja de vecinos en Suecia, que se disfrazaron con esmoquin, carroza y dos caballos, y nos llevaron después de nuestra boda, como un cuento de hadas.

Estaban los fotógrafos y yo saludando a todos los invitados en un camino de jardín hermoso lleno de árboles a los costados, mientras me tiraban arroz.

¡Qué momento tan precioso!

Invité a mis padres, mi hermana menor y a un gran amigo de toda mi familia a mi matrimonio en Suecia.

Un mes antes de mi matrimonio, les pagué pasajes a todos, se hospedaron en nuestro departamento. Pasamos unos momentos felicísimos todos juntos en casa y muy divertidos.

Mi papá cuando vio las carrozas en mi matrimonio se quedó muy pensativo por lo que yo le dije años atrás y se sintió muy orgulloso de mí.

Verdaderamente, yo no recordé lo que le dije a mi papá, hasta cuando vi la carroza, que fue una sorpresa para mí y mi esposo.

Nuestro hijo nació 27 de abril de 1993.

Nuestro matrimonio fue el 19 de junio del mismo año. Y al siguiente día fue el bautizo de mi hijo, que tenía dos meses. Todos los invitados se quedaron hasta el otro día de la ceremonia del bautizo.

Luego, no tardé mucho en darme cuenta, en el transcurso del tiempo, que mi esposo era alcohólico y su familia me había ocultado eso. Era la oveja negra de la familia, y para ellos, yo era la salvación, que se iba a encargar de su hijo, que no tenía responsabilidad y tenía muchas deudas en el banco.

En conclusión, él fue la continuación de esa otra relación que cerré. Parecía que seguía el siguiente capítulo. Las mismas circunstancias, pero esta vez, yo ya tenía una experiencia anterior y nunca me dejé.

Tuve que vivir con él, cuidando mis pertenencias y a la

defensiva.

Mi hijo nació, con una operación cesárea, ya que cuando yo era soltera, me extirparon un fibroma del tamaño de una naranja, y los doctores me dijeron que si tenía un hijo no podía nacer normal como dan a luz todas las mujeres, porque yo no podía empujar, tenía que ser bajo una cesárea, y así fue.

Cuando me pusieron la inyección de anestesia en la columna, se demoraron casi media hora y finalmente lo lograron, pero en vez de adormecerse solo de cintura para abajo, la anestesia llegó hasta mi cuello, y sentí que me ahogaba.

Me pusieron oxígeno y me sentí mejor, luego sacaron a mi hijo con el corte que me hicieron. Yo vi su cara un poco morada cuando me lo pusieron en mi pecho, pero cuando lo extrajeron de mí, se lo llevaron corriendo creo para el oxígeno, ya que no lloró inmediatamente. Quizás haya sido el motivo por el que nació con parálisis cerebral.

Luego pasó todo, salimos del hospital muy contentos, con nuestro hijo, su físico era todo normal, pero mi esposo me dijo después que notaba que tenía los dos puños de sus manos todo el tiempo cerrados y los pies estirados como si fuera a bailar ballet.

Yo no tenía experiencia como madre, era el primer hijo que tenía y estaba muy feliz con su presencia, hacía deporte, pasaba tiempo con mi hijito y me sentía muy feliz.

Pero mi esposo ya había tenido dos hijas, entonces ya tenía experiencia.

Lo único que me parecía extraño era que no se sentaba, tenía que ponerle almohadas a los costados y no gateaba, cuando salía con su cochecito a pasear, veía a los otros niños que se podían sentar, a veces les preguntaba cuántos meses tenían y como siempre daba la casualidad de que eran menores que mi hijo, parecía que me tranquilizaba.

Sueño premonitorio

Cuando mi hijo tenía cinco meses, una vez soñé con heces, creo que yo iba con mi hijo en los baños, y encontraba heces, me daba asco y pasaba al otro baño y era igual. Eso para mí cuando me desperté era algo claro, no puedo explicar por qué, pero yo traducía mis sueños y sabía qué iba a suceder.

Ese sueño me decía que iba a recibir dinero por medio de mi hijo, y así fue.

El seguro, un mes después, me dio un dinero retroactivo porque me debían pagar desde que él tenía un mes, y esto era hasta que cumpliera dieciocho años, era una cantidad que daban a la mamá cuando cuidaba a un hijo con discapacidad.

Después de dos meses tuve otro sueño con heces otra vez, pero esta vez era más cantidad de heces, y había una mujer japonesa en mi sueño que me decía que yo iba a ganar mucho dinero con mi hijo, pero ya me había pagado el seguro por cuidarlo.

Ese dinero no era, tenía que ser otro.

Y efectivamente, cuando él cumplió dieciocho años, y yo fui y soy actualmente su representante legal, conocí a una empresa de asistentes. Es frecuente aquí en Suecia, las empresas de asistentes, porque dan mucha prioridad a los niños especiales y personas mayores.

Le hablé de mi hijo, yo no tenía ninguna idea del sistema sueco, solo me dediqué a estudiar el idioma, leyes suecas y todo lo que se necesitaba para funcionar en esta sociedad. Hablé con esta empresa y el gerente me dijo, que podía ayudarme a solicitar muchas horas de asistente para tener empleados que le ayudasen en su vida diaria.

Asombrosamente, el estado le dio tantas cantidades de horas que podía tener hasta siete asistentes para mi hijo, y eso es mucho dinero que el seguro pagaba para que yo contratase a una empresa y eligiera las personas buenas para mi hijo, sin costarme a mí nada.

Ese fue el significado del segundo sueño, pero eso lo vi muchos años después…

OTRO SUEÑO PREMONITORIO

Cuando mi hijo tenía tres meses, yo ya estaba casada, y tenía un anillo con diamantes alrededor que mi esposo me compró. Una noche soñé, que fui en el lavadero del baño a lavarme las manos, me eché jabón, y cuando me iba a lavar, se resbaló de mi dedo el anillo que estaba en el dedo anular y se cayó en el huequito del lavamanos que estaba en el medio. Yo con el afán de recuperar mi anillo, metí un alambre para desatorar y tomar mi anillo, pero salían pelos en vez del anillo, pelos sucios. Como cuando un fontanero desatora un desagüe.

Seguían saliendo pelos y de repente salió una tijera de mediano tamaño y después seguían saliendo más pelos y posteriormente salió una tijera más grande y luego, por fin, saqué el anillo. Pero el anillo no era el mismo, era más grueso y los rubíes se veían más grandes, era como mirar el anillo con una lupa, aunque era el mismo anillo de matrimonio.

Cuando me desperté, recordé el sueño, y lo interpreté de inmediato, como siempre.

El sueño me decía, que yo iba a tener problemas en mi matrimonio, pelos significa pleitos y yo quería recuperar mi matrimonio a toda costa, por eso buscaba con el alambre, pero en el camino iba a tener problemas, líos, dificultades y la primera tijera era que iba a ver una ruptura en el matrimonio, tijera es corte, ruptura y luego que yo insistiría en salvar mi matrimonio, con pleitos, que son pelos y luego iba a ver un corte muy grande y definitivo, por eso veía la tijera grande en mi sueño, y luego iba a ser un matrimonio muy fuerte como el anillo que vi cuando lo recuperé.

OTRO SUEÑO PREMONITORIO II

Todos estos sueños premonitorios fueron antes de mudarme a Perú, cuando Jonathan tenía seis meses.

Soñé con una mujer japonesa budista. Yo ya había ingresado en la filosofía budista cuando vivía en Suiza de soltera, siete meses antes de conocer a mi esposo en México.

Me gustó su filosofía, y meditaba todos los días.

NAM MIO HO REN GE KIO, que es la ley de causa y efecto.

Soñé que yo me encontraba en una sala con hombres que eran mis alumnos y les hablaba del budismo, yo tenía una pizarra con un lapicero donde les indicaba.

Yo en ese momento que soñaba tenía treinta y seis años, pero en mi sueño, me vi a mí misma con la edad que tengo actualmente sesenta y seis años, mi aspecto era más maduro y elegante, tenía otros modales más finos, me veía guapa, una mujer interesante y hablaba con mucha seriedad, inspiraba respeto.

Esta mujer japonesa me decía, que yo iba a ganar muchísimos rubros, recuerdo perfectamente la cara de la señora.

Cuando me desperté, le pregunté a mi esposo qué país tenía rubros como moneda, y me dijo Rusia, yo no lo sabía antes.

Hasta ahora, siempre me pregunto cuando iré a Rusia, he preguntado a personas si en Rusia hay problemas de delincuencia, porque parece que yo daba charlas a esas personas, y eso es en realidad lo que me gusta hablar de espiritualidad. Espero que cuando este libro esté a disposición del público yo ya haya estado dando mis charlas en Rusia.

Ese es el sueño que todavía no se me ha realizado, sé que todo llega en el momento perfecto.

EL AVANCE DE MI HIJO

Cada mes lo llevé a su control, como es normal aquí en Suecia, le preguntaba a la doctora por qué no se sentaba, y siempre me decían que lo haría con el tiempo, pero a medida que los meses pasaban, ya tenía seis meses y ni se sentaba.

Aquello empezaba a preocuparme, y esperando siempre la respuesta de los doctores, hasta que él cumplió un año, y decidieron hacerle un electro magneto en el cerebro.

Lo introdujeron en un túnel.

Recuerdo la mirada de mi hijito, sus ojos asustados y preguntándome con sus ojos qué era ese túnel. Yo lo calmé, me dio mucha tristeza y fue el día más tenso y angustioso de mi vida, aunque los resultados nos los daban en quince días.

Estuve todos esos días muy nerviosa, claro, tenía una sospecha, pero no es lo mismo a que te digan la realidad de las cosas, y tenía una esperanza que mi hijito estuviera sano.

Llegó el día, el doctor iba a llamar a mi esposo, para decirle la respuesta.

Mi esposo no me llamó, pero vino a casa como siempre, pero esta vez con una botella de vino, pensé que era para celebrar la buena noticia que el doctor le había dado, yo le pregunté qué te dijo el doctor.

Yo estaba con mi hijo cargado entre mis brazos, y mi esposo se acercó, nos abrazamos los tres y empezamos a llorar, mi hijito también lloró, no entendía qué estaba pasando, y justo entonces, me dijo que tenía parálisis cerebral y tenía menos neuronas que una persona normal, pero había rehabilitación.

Luego de esta noticia, llamé a mi papá y le conté llorando lo que el doctor me dijo.

Mi papá trataba de consolarme por teléfono, luego llamé a un gran amigo, que conocía desde que yo tenía dieciséis años y le conté llorando.

Él, preocupado, me dijo:

—¿Qué te pasa? ¿Por qué lloras? Tu hijo está vivo… ¡Pensé que me ibas a decir que había fallecido! No te preocupes, todo tiene solución en la vida, menos la muerte.

Aquella afirmación se me quedó grabada y me hizo mucho bien sus palabras.

Aunque tuve una temporada que me sentí muy triste.

Cuando salía con mi hijito a pasear y veía a otras mamás con sus coches, me preguntaba: «Por qué a mí?», y miraba al cielo. Me sentía extraña en el mundo, diferente a las demás personas.

Así pasé, creo dos semanas, pero después, dije ¡BASTA! Me mentalicé en estar preparada para luchar por mi hijo.

Hacía deporte desde que nació, para que mi figura volviera a ser como antes. Estaba acostumbrada a hacer ejercicios, corría tres veces por semana afuera, con o sin lluvia, con o sin nieve, tres veces por semana sin excusas y dos veces por semana aerobic en una academia.

El deporte me ayudó a no pensar más en la enfermedad de mi hijo. Volví a ser feliz en mi vida cotidiana, muy optimista, asimilé todo como si fuera parte de mi vida y fui feliz todo el tiempo, asistía a todas sus terapias con mucho optimismo.

Me gustaba hacer muchas bromas, disfrutaba con mi hijo en la nieve en Suecia. Viajamos a España, a mi casa cuando el cumplió un año.

Fue allí cuando estábamos en un bus dirección a Tarragona que vimos la primera epilepsia que sufrió nuestro hijito. Nos quedamos asombrados mirándolo, cómo los labios se le ponían morados y se quedaba como con una mirada perdida. Por suerte, pasó muy rápido, gracias a Dios.

Mientras yo asistía a mis clases intensivas de sueco, que eran todos los días de lunes a viernes, a mi hijo lo dejaba en un dagis. Aquí se acostumbra porque los padres van a trabajar y lo dejan a sus bebés en estos lugares, donde hay muchos niños, y personal especializado muy gentil.

Por esa parte, Suecia es un país muy civilizado y muy humano, en ese lugar que dejaba a mi niño, él era el único bebé que no caminaba ni gateaba. Él acostumbraba a movilizarse sentado arrastrándose o de cabeza mirando el piso acostado como un gusanito.

Una vez, nunca lo olvido, cuando lo fui a recoger como siempre después de mi escuela, lo encontré llorando, un niñito que lo veía movilizarse tan raro, le mordió la cara, pues no entendía por qué era así mi hijo.

Recuerdo cuando mi hijito me vio, llorando me miró, y con la mirada, me preguntó: «¿Por qué?».

Realmente, yo me hacía la misma pregunta: «¿Por qué ese niño lo agredió si él no hizo nada?». A mí se me cayeron las lágrimas, le dije al personal, que por favor lo cuidasen bien, porque él no sabía defenderse.

Mi hijo era y es, hasta ahora, que tiene treinta años, un niño muy alegre y sociable.

Cuando se despertaba siempre lo hacía con una sonrisa. Con él he ido a todas partes, nunca lo he escondido, y le he hecho sentir que es un niño como cualquier otro, es por eso que no tiene ninguna clase de complejos. Él era y es la razón de mi vida.

Lo quiero mucho, estoy muy agradecida al universo, que él me escogió como su mamá. Le gusta mucho viajar en avión, lo ha hecho desde muy pequeño viajando largas horas desde Europa a Sudamérica. Actualmente, él conoce siete países, ha viajado mucho, es muy educado y sabe comportarse en cualquier ambiente. Por lo general, hemos hecho viajes a resorts de cinco estrellas y la ha pasado fantástico.

La primera vez, que viajó a Perú, tenía tres años. En este viaje, fue mi papá quien me informó que en Perú se encontraban los mejores hospitales para niños con discapacidad y problemas neurológicos y que sería muy bien para Jonathan.

Entre otros hospitales, estaba el más famoso en Lima, con los mejores especialistas y terapeutas del Perú. Este hospital era estatal, entonces era muy barato, para personas con muy pocos recursos.

Generalmente en Perú, los mejores hospitales son los del Estado, ya que se encuentran a profesionales, que realmente aman su trabajo, no como los lugares privados, que son muy materialistas. Eso fue lo que me gustó. Lo único es que quedaba bien lejos de donde yo vivía, casi tres horas en bus de ida y otras tres de vuelta.

También la atención era a las ocho de la mañana.

Pero para ser las primeras en la fila, se debía ir por lo menos a las cinco y hacer una cola y esperar que abran, porque atendían a un número limitado de personas y para tener garantía de que entraba en ese cupo, tenía que ser unas de las primeras.

Bueno, ir allá fue toda una aventura, yo salía casi cuatro de la mañana de casa, le llevaba su desayuno y su mamadera de vanlig que acostumbraba a tomar en las mañanas, plátano, y otras cositas que le gustaba, él no caminaba, me lo llevaba cargado y con una mochila atrás.

La primera vez, fue para que le hiciesen una evaluación y le dieran un plan de rehabilitación y me dijeron que mi hijo iba a caminar en nueve meses con terapia de tres veces por semana, todas sus terapias, ocupacional, en piscina, terapia física, logoterapia, etc.

Todo lo contrario, antes de viajar a Perú, cuando me dijeron el diagnóstico en Suecia. Los doctores me dijeron, que según la estadística y como dicen los libros referentes a enfermedades neurológicas y la gravedad que tenía en el cerebro con menos neuronas de lo que tiene una persona normal, tenía estropeada la parte izquierda del cerebro que afectó el habla y la parte motórica.

La conclusión de los doctores era que no iba a caminar, pero en Suecia tenían mucha ayuda con todo lo que necesitaba, silla de ruedas, andador, etc.

Con este diagnóstico, no me quedé tranquila, de verdad, algo en mí me decía, que todo iba a solucionarse, siempre era yo optimista y muy alegre. Hacía, inclusive, bromas con mi hijito, la pasábamos muy bien, él era de niño y es muy guapo, no se nota que tenga algún problema, si no habla, tiene mucho carisma.

Estuvimos en Perú un mes y luego, muy entusiasmada y contenta, regresé a Suecia para contarle a mi esposo la buena nueva.

Le dije lo bueno que era Perú para nuestro hijo, pero no vi que se entusiasmase mucho, todo lo contrario, lo noté nervioso para informarle a su mamá. Le dije que había que mudarnos a Perú para rehabilitar a Jonathan.

Él llamó a su mamá por teléfono y le estaba contando de Perú y yo cogí el anexo de otro aparato, quería saber con qué alegría su mamá iba a recibir la noticia de su nieto. Sin embargo, en vez de pensar en Jonathan, me quedé asombrada lo que le dijo a su hijo reclamándole:

—¿Y la casa de España? ¡Tienen que venderla antes de irse para poder pagar la deuda! —decía la señora a su hijo.

¡Me desilusioné mucho! Pensé que le interesaba mi hijo, su nieto.

Anteriormente, en mi estancia en Suecia los tres primeros

años, su papá con otros familiares, les presté mi casa para que fueran de vacaciones y mi esposo con su papá me dijeron que iban a arreglar la piscina, que tenía, pero parece que el papá, le aconsejaba a mi esposo que vendiese mi casa para poder repartir la ganancia.

Eso me imagino, porque después de haber estado en la casa de España, no pararon de presionarme para que la vendiese con un agente inmobiliario, incluso cuando venían a visitarnos, le preguntaban a mi esposo delante de mí, cómo iba la venta. En esos tiempos yo no hablaba mucho sueco, quería decirles tantas cosas, pero el idioma no me ayudaba, ellos no hablaban inglés.

Bueno, al escuchar lo que su mamá le comentó a mi esposo por el anexo, colgué el teléfono y le dije que, si él no se venía, yo me iba sola a Perú con mi hijo, que no tenía ningún problema.

Empecé a vender todos mis muebles —al menos los que pude— que había traído en un transporte desde España a Suecia, las cosas que no pude vender, las guardé en un container y me fui con Jonathan.

Mi esposo llegó a Perú tres meses después, cuando llegué a Lima.

En Perú busqué un departamento para vivir con mi hijo, siempre me ha gustado ser independiente, y no vivir con mis padres, solo visitarlos.

Bueno, viví en diferentes sitios, no fue muy fácil todo, estaba acostumbrada, cuando era soltera sin hijos, a ir a encontrar departamentos, rápido para soltera, pero ahora era con mi hijito con discapacidad. Eran muchos años que no había vivido en Perú, más de veinte, solo visitaba a mi familia cuando vivía en Suiza. Pero esta vez la vida me dio un giro, regresar a Perú para rehabilitar a mi hijo.

Vivir en Perú, donde se tenía que luchar, no tenía la ayuda que tenía en Suecia, pero en esos momentos, no pensaba en ningún obstáculo, todo lo que me importaba era que mi hijo se rehabilitara en nueve meses, como me habían prometido los expertos.

Estuve primero en un departamento de una señora que vivía en la parte alta de su casa y yo con mi hijo alquilamos el primer piso, me gustó, porque estaba situado en la zona donde vivían mis padres, de alguna forma, estando cerca de ellos, no me sentía tan sola con mi hijo.

Pero esta señora me hacía la vida imposible, a pesar de que sabía que yo vivía con mi hijito que tenía tres años y medio.

Cada vez que sentía que nos bañábamos con agua caliente, cortaba el agua, creo para ahorrar. Yo le pagué todo el alquiler por adelantado —tres meses— y era caro, cuando lo comenté con mi hermana, me lo dijo. Yo no estaba enterada de los precios en Perú, parece que se aprovechó la señora, y claro, como le pagué todo adelantado, ya me cortaba hasta el agua.

No la pasé muy agradable ahí, traté de comprender a esta señora, pero a la gente no se le puede cambiar, solo esperé que se pasaran los tres meses para irme. En ese departamento, recibí a mi esposo cuando llegó a Perú.

Antes de este departamento, estuve en otro de una amiga que tenía desocupado, le dije que, si me podría alquilar, y así lo hizo, ahí viví sola con mi hijo.

Pero este departamento quedaba arriba en el cuarto piso y no tenía ascensor, mi hijo tenía una silla de ruedas que la compré del estado sueco para llevarla a Perú.

El estado sueco puede prestar una silla de ruedas para viajar, pero cuando la persona se va a quedar en otro país más de seis meses, no se puede traer la silla, y si se quiere, se tiene que comprar.

Con su silla de ruedas me movilizaba solo en taxis y camionetas, porque los buses en esos tiempos en Perú no estaban preparados para personas con sillas de ruedas. Así que el transporte no fue nada barato. Pero me las arreglé para traer suficiente dinero para mí y mi hijo y todas las terapias que necesitara con mis ahorros de Suiza.

Yo fui siempre, una persona muy fuerte, mi error era que no pedía ayuda a mi familia, pensé que iba a molestar, con toda la responsabilidad de mi hijo, ir a su terapia, pensar en todo, terminaba muy cansada en la noche.

Una vez me desmayé en el departamento cuando estaba sola con mi hijo, me golpeé fuerte la cabeza, sentí que me estaba faltando el aire, todo me empezó a dar vueltas y me sentía débil. Quería llegar rápido al sillón para no golpearme, pero no alcancé, crco que estuve desmayada unos segundos. Cuando me desperté, en el suelo, me dolía mucho la parte de atrás de la cabeza, me caí así. Gracias a Dios que no me pasó nada más, porque estaba sola. Era porque pensaba mucho y me dolía la cabeza.

A raíz de esta experiencia, conseguí una empleada, por medio de una amiga, para que trabajase ayudándome y tenía su dormitorio para que se quedase a dormir. Tenía solo libre los domingos.

En total, estuve en cuatro departamentos con mi hijo solo, el primero que llegué, fue por una agencia, que yo utilizaba cuando era soltera, en un sitio turístico, pero no funcionó con mi hijo, era muy ruidoso para él. Allí me quedé solo quince días.

Luego el departamento de mi amiga, que era un poco pequeño, lejos y en un cuarto piso, donde me desmayé.

Y, por último, estuve donde la señora me cortaba el agua. En este departamento, recibí a mi esposo cuando llegó.

También tenía un terreno, que compré cuando tenía veintiséis años y quedaba en un sitio que no existía nada, todo era tierra. Años después, se convirtió en una gran urbanización.

Lo compré, por comprar algo para mí, pensé que algún día construiría una casa hermosa, no pensé en inversión. Cosa que me arrepiento enormemente, porque hubiera podido comprar toda la urbanización entera, y hoy en día, sería millonaria porque subieron enormemente de precio. Pero por algo pasan las cosas, es evidente que no estaba preparada emocionalmente para invertir.

Llegó el día que mi esposo vino de Suecia, para radicar en Perú.

Lo fui a recoger al aeropuerto con Jonathan, por supuesto mi hijito estaba muy feliz, tenía tres años y medio.

Luego nos desplazamos al departamento de la señora, que me apagaba el agua cuando me bañaba, pero ya estaba pagado, en realidad la casita era bien acogedora, como rústica de piedras, solo tenía malo, el carácter de la señora, que era difícil. En el periodo que estuvo mi esposo viviendo ahí conmigo, la señora fue un poco más gentil, quizás porque veía que ya no estaba sola.

Mientras tanto, mi esposo y yo íbamos viendo otro alquiler por los alrededores, siempre preguntábamos a alguien, si conocían de alguien que quisiera alquilar.

Una vez nos avisaron, que una psicóloga, estaba alquilando la parte de arriba de su casa, es más, tenía un letrero en su casa fuera. Le tocamos el timbre y salió la dueña, se llamaba Elena, y se convirtió en el futuro en una gran amiga nuestra. Parece que era muy selectiva al escoger el inquilino, muy educada y amable, trabajaba en una Universidad de Psicología, era muy profesional. Al ver a mi esposo, que era gringo extranjero, aceptó, porque éramos una pareja bonita y teníamos un hijo. Generalmente en Perú, al menos en esos años, no se veía extranjeros por esos barrios, solo en los sitios turísticos, como Miraflores.

Nos hizo pasar a su casa y hablamos, luego nos enseñó dónde estaba el departamento, que era completamente independiente y tenía otra entrada. Era bien acogedor, suficiente para nosotros tres, tenía un sitio para estacionar el auto, aunque en ese momento no teníamos, pensábamos comprarlo en el futuro. Cuando terminamos el contrato, nos mudamos allá, muy contentos, sobre todo ya no estaba sola. Al menos podía hablar con él de mis preocupaciones.

Compramos, mejor dicho, compré los muebles necesarios para amueblar el pequeño departamento, no se necesitaba mucho y lo pintamos. Elena era bien gentil, muy prudente, y pronto fue como una familia para nosotros, se encariñó bastante con Jonathan, siempre pagué el alquiler el día que correspondía, todo fue bien desde un principio.

Empezamos a pensar en encontrar un trabajo de profesor para mi esposo, que era su profesión. Consiguió en colegios particulares bien caros y le pagaban muy bien.

Por mi parte, comencé a pensar qué negocio podría tener en

Perú, que me diese tiempo para estar con mi hijo y poder realizar mis deportes, etc.

Le mostré a mi esposo el terreno que tenía, y le dije que podríamos construir una casa muy grande para los tres.

A la misma vez comencé a notar que en Lima, se utilizaba muchos taxis station vagen para movilizarse y pensé que estaría bien si yo invertía en comprar autos y ponerlos a trabajar con chóferes de día y de noche, o sea las veinticuatro horas, dejando un domingo para que descansase el auto. La verdad que no estaba acostumbrada a trabajar con un horario de oficina, nunca lo hice en mi vida, me gustaba tener negocio independiente, que pudiera ser dueña de mi tiempo y generar dinero a la misma vez.

El siguiente paso que hice, trasladé mi dinero de Suiza a mi banco en Perú, era bastante, hice una cuenta en dólares y lo puse a plazo fijo, en ese tiempo pagaban el siete por ciento anual, que realmente, con la cantidad que tenía, podía tener una rentabilidad mensual que pagase todos los gastos para vivir muy bien. A su vez, dejé mi casa de España con una inmobiliaria para venderla, ya que no tenía ningún sentido tener una casa a la que yo no iba casi nunca, y en la que ya me habían robado tres veces y se llevaron cosas de valor porque estaba la casa sola. Solo esperaba que se vendiera pronto, para no tener mucha preocupación.

Al menos no salió la venta cuando estuve en Suecia, porque con lo que escuché a su mamá que esperaba que se vendiera mi casa, hubiera tenido mucho disgusto, no sé qué es lo que querían hacer, pero yo no iba a dejarme que me quitaran mi dinero, la única manera era, creo, si se divorciaba para dividir las ganancias, quizás eso era lo que estaba planeando el con su familia.

Pero de alguna forma, ahora, me doy cuenta de que tenía alguien sobrenatural que me protegía, porque yo siempre he actuado inocentemente, sin malicia y he tenido decisiones a tiempo de cualquier consecuencia negativa.

Me di cuenta, cuando le enseñé mi terreno a mi esposo, que me tuvo mucha rabia, como diciendo… ¡Todo lo que tenías y no me has dicho nada antes!

Esto lo noté porque él llegó a Perú en diciembre, y asistimos a un evento de Año Nuevo muy bonito, él había tomado mucho alcohol y me agredió en la calle.

Toda la gente que pasaba se asombraba de ver a un gringo maltratando a una mujer. Tenía mucha vergüenza, creo que me dio un puñetazo en el ojo y me quedé con mi ojo negro.

Yo no entendía por qué me hacía eso. Si cuando llegó de Suecia, después de haberme dejado sola con mi hijo durante tres meses, le esperaba en una casa muy bonita y todo estaba listo. ¡No entendía por qué me tenía tanta rabia!

Bueno, sí, después lo entendí. Esa fue la primera y última vez que me dejé que un hombre me pegara, porque después me conoció muy bien.

***

En el banco que llegó mi dinero de Suiza a Perú, había una promoción que, por cada quinientos dólares, aparte del siete por ciento, daban una opción para un sorteo que hacían una vez al mes. Así que yo tuve bastantes opciones, pero, por supuesto, era cuestión de suerte, ya que la canasta del sorteo era sola una y participaba todo el Perú, con todos los diferentes territorios del país, así que eran miles de personas que participaban cada mes.

Con este dinero, puse una empresa de taxi, primero compré un auto pequeño de marca Tico, era bien pequeñito. Tenía dos chóferes, pero los domingos teníamos el auto para pasear nosotros.

Hice un trato con mi esposo, él trabajaba en su profesión de profesor y se ocuparía de la parte mecánica para arreglar el auto, si se malograba, yo invertía en comprar, y controlaba el dinero, pues cada día entregaban lo que trabajaban, era una cierta cantidad que tenían que entregarme cada chófer y el resto era para ellos.

A la misma vez, contraté un arquitecto e hice todos mis trámites para construir una hermosa casa en el terreno que había comprado de soltera.

El terreno era de 980 metros cuadrados, la casa construida en 250 metros cuadrados, rodeada de jardín, era de un solo piso con techo de dos aguas, como una casa de California, todos me decían.

La casa se fue construyendo mientras estábamos viviendo alquilados en la casa de Elena. Prácticamente, se construyó en seis meses con trabajo intensivo.

Yo esperé a que Jonathan tuviera cuatro años, para cuando caminara, poder tener otro hijo, pensé que Jonathan debía tener un hermano, que lo cuidase cuando yo no estuviese. También quería tener la experiencia, de lo que se siente al tener un hijo que naciera sano, y yo poder hablar con él y no sentirme tan sola. Mi esposo no estaba muy de acuerdo en tener otro hijo, yo le expliqué que Jonathan no podía estar solo en la vida.

Tuve un embarazo muy distinto, pero bailaba, hacía actividades en la escuela de Jonathan, pero tenía muchas náuseas, y casi no quería comer nada, durante casi todo el embarazo.

En el camino del embarazo, llegué a tener miedo... Pensaba en que, si también nacía con un defecto, ahí yo tenía cuarenta años, y había más posibilidades que esto sucediera.

Pero a la misma vez me decía: «Que sea lo que Dios quiera y si nace con un defecto, el amor todo lo puede y me rendí ante Dios».

¡Después no pensé más!

Durante todo mi embarazo, tuve mi control. El neurólogo ya estaba informado de Jonathan, le conté cómo fue en Suecia, que la anestesia que me pusieron me llegó hasta el cuello y que yo vi a Jonathan morado cuando nació, que quizás le faltó oxígeno. Él fue muy cuidadoso al momento de la cesárea esta vez, le dije que me pusiera lo menos posible de anestesia a mí, que yo iba a soportar el dolor, pero que a mi hijo no le afectase.

Así lo hizo, inclusive sentí el bisturí que me cortaba hasta que ya le dije, porque me empezaba a arder el corte, me pusieron una anestesia en la boca para que me durmiese, para poder seguir con la operación.

Todo salió muy bien. Gracias a mi Señor Jesús.

CUANDO HICE EL TRASPASO DE MI CUENTA BANCARIA

Recuerdo con mucha alegría cuando llegó mi dinero de Suiza a Perú, el gerente me dijo que había un sorteo de unos regalos para todas las personas que tenía la cuenta millonaria en dólares. Yo tenía muchas opciones, ya que cada quinientos dólares era una opción, pensé y me dije:

—Huy, tengo varias opciones.

Había un premio mayor y otros tres premios menores. En el sorteo anterior me dijeron que el premio mayor era una camioneta Mercedes Benz último modelo, pero ese mes habían cambiado.

Yo salí muy contenta e ilusionada del banco, fui con mi esposo, recuerdo que le dije:

—Imaginas si nos ganamos un viaje de luna de miel a Santo Domingo, ¡qué fantástico sería! Siempre recordaba lo lindo que pasé con él en Acapulco cuando recién lo conocí. Sinceramente, extrañaba esos tiempos, para mí fue como la luna de miel que nunca tuvimos. Estaba enamorada e ilusionada con él.

En realidad, fue el único momento que fui feliz en mi relación, y no duró mucho tiempo porque después se llenaron de conflictos y problemas.

Como ese momento nunca volví a vivir en todos los doce años siguientes.

Me imaginé viajando en el Caribe con él. No sabía qué premios iban a ser para el siguiente mes de sorteo.

El detalle fue que me lo tomé muy en serio, y le pregunté al gerente qué fecha sería el sorteo el próximo mes.

El siguiente mes, fui a una sucursal de un banco cerca a mi casa, siempre ponían los nombres de las personas ganadoras en un cartel. Fui hasta allí para buscar mi nombre, estaba segura de que había salido ganadora, era como si yo me merecía y estaba en mi derecho.

Cuando leí la lista y no vi mi nombre, me dio mucha, pero mucha rabia y me dije:

—¡Al diablo con esto!

Y seguí mi vida.

La sorpresa fue que, al siguiente mes, porque yo ni me recordaba, es más, no quería ni pensar; salí sorteada y salió por la televisión, dijeron mi nombre y yo no lo vi.

En una sola canasta que daban vueltas con cupones de toda

parte del Perú que participaban y sacaban un cupón, ahí salió mi nombre, en medio de tantos millones de nombres en todo el Perú.

Como yo ya no tomé interés y me olvidé, no fui al banco ni vi el programa.

Pero el gerente del banco, que tenía el número telefónico de mi hermana, que le di de referencia, la llamó el siguiente día y le dijo que yo había salido ganadora de un premio, que tenía que ir al banco al siguiente día. No le dijo qué había ganado.

Mi hermana me llamó de inmediato y me dio la noticia, no pude dormir en toda la noche. Al siguiente día, antes de ir, pude llamar al gerente para preguntarle que me gané. Sin embargo, no lo hice, quería que fuera una sorpresa.

Al siguiente día nos fuimos con el bus al banco, no teníamos auto, solo el pequeño que lo teníamos con los chóferes ocupado.

En el camino estaba muy nerviosa, me reía de los nervios. Y no paraba de preguntar a mi esposo:

—¿Cuál será el premio? ¿Será una licuadora, una televisión?

Era mejor pensar en algo pequeño.

Llegamos al banco, estaba lleno de gente en la cola, le dije que yo era Teresa Fageus, me señalaron donde estaba la oficina del gerente y me dijeron que entrase.

Cuando me vio el gerente me dijo:

—Se ha ganado el premio mayor, un auto del año Nissan Sentra cero kilómetros.

Aluciné, ¡no tenía que pagar ni siquiera impuestos, era mío!

Justo cuando abrió la cuenta unas semanas atrás, estaba negociando con el gerente para que me diera más interés y bromeándole que quizás me ganase en el sorteo.

¡Cómo es la vida!

El gerente me decía:

—Mire, usted me estaba pidiendo más intereses y ahora se ganó el carro. ¡Qué suertuda!

Di un grito de felicidad en la oficina, toda la gente miró y aplaudieron felices.

Luego tuve que ir a la dirección donde estaban todos los autos nuevos y me iban a decir qué color era el mío, ¡era el blanco!

¡Qué feliz era!

Me lo entregaban en un mes, porque justo en esa fecha había llegado a Perú una famosa modelo Claudia Schiffer y no iban a poder entregar los premios por agasajo a esta modelo.

Ese mes de espera, fue eterno, me decía a mí misma y si me llaman diciendo que se equivocaron, tenía miedo, hasta que lo obtuve.

Cuando yo contaba a las personas mi experiencia, les decía que yo sabía que tenía que salir sorteada, que era mi derecho y nadie me lo quitaba, estaba segura cien por cien, sin ninguna duda, no sé cómo explicarlo.

Después he leído la ley de atracción, eso fue lo que yo apliqué.

La ley de la atracción dice que cuando visualizas algo sintiendo con emoción que ya lo tienes, que es tu derecho, eso se materializa, también esta misma ley, dice que tienes que visualizarlo, sentirlo que ya lo tienes y no pensar más.

Y eso es lo que yo hice cuando me molesté y seguí mi vida,

lo solté, y salió el próximo mes cuando ya no le puse más la atención.

Posteriormente, salí sorteada cuatro veces más, por increíble que parezca, pero fueron premios menores.

El gerente me decía cada vez que yo iba a recoger mis premios que yo era bruja y yo me reía.

Y es que así funciona la ley de la atracción.

Lo siguiente que gané fue una cámara filmadora de último modelo, juego de lozas, etc. y eran en periodos cortos como de dos meses de intervalo.

Ya había pasado como siete meses que no había salido más sorteada, y un día que pasé por una sucursal del banco que yo acostumbraba a ir, decidí entrar para preguntar cómo estaba mi cuenta, y ahí me encontré con una empleada de la sucursal del banco donde gané el auto, ella se había cambiado y me reconoció, me dijo:

—¿Por qué no pasa su dinero a esta sucursal? Usted que es bien suertuda…

Finalmente, me convenció y así lo hice.

Y esto fue como una anécdota, al siguiente mes, se me malogró una licuadora que yo tenía, estaba dirigiéndome a un mercado cerca del banco para repararla y se me apeteció entrar al banco para hacer una transacción y salió la empleada y me dijo que me había estado llamando a mi teléfono, yo le dije de broma:

—¿No me diga que me he ganado algo?

—Claro —me dijo—, ha salido sorteada con una licuadora.

—¡¡¿Qué?!! ¡No te lo vas a creer, pero justo mi licuadora se había malogrado y estaba yendo a repararla!

¡Nos reímos las dos! Justo ella me dijo que pasase mi dinero a esa sucursal y me dio suerte.

Este acontecimiento me pasó cuando yo tenía doce años.

Yo era una niña muy callada en mi casa y no hablaba casi nada, porque mi papá era muy estricto y además éramos diez hermanos, y para evitar castigos, prefería quedarme callada y pensaba mucho, mi mamá me llamaba: LA CALLADITA.

En la escuela era también muy sumisa y callada cuando era pequeña, me sentaba en el último asiento de la clase para no llamar la atención. Pero esto fue cambiando cuando fui creciendo, me comportaba muy mal en la escuela para llamar la atención, todo lo que no podía hacer en mi casa, lo hacía en el colegio.

Me comportaba muy mal, a propósito, para que la maestra me llamara la atención y me llevase a hablarme a mí sola en un salón.

Me gustaba eso en el fondo, me sentía querida, alguien que me llamaba la atención con cariño y rectitud, pero sin violencia.

Entonces como me gustaba esa situación me portaba siempre mal, hasta una vez me expulsaron de un colegio.

En una escuela de primaria. La directora me tenía mucha cólera por mi comportamiento. El día de las madres acostumbraban a sortear una canasta de víveres inmensa con muchas cosas para comer, ahí las mamás asistían y se ponían delante para ver si salían sorteadas, sorteaban una canasta por salón.

Mi mamá asistió ese día, pero esta vez fue en el patio del

colegio, ahí estaban todas las madres de todas las aulas, era una canasta gigante que iban a sortear.

Mi mamá, que ahí estaba, me daba tanta pena, que deseaba con todo mi corazón que ella se ganara esa canasta que tanta falta le hacía.

Dieron la vuelta a la canasta y una alumna sacaba un papelito sin mirar, pero antes masajeaban bien la canasta.

¡Qué gran sorpresa! ¡Salió mi nombre, mi mamá ganó la canasta!

En cambio, la directora me tenía tanta cólera que se le vio la cara que no estaba contenta y dijo:

—Eso no vale. Tenemos que sortear de nuevo.

Me puse triste, vi la cara de mi mamá, y aunque me parecía muy injusto, no podía hacer nada.

Entonces, metieron nuevamente mi nombre en la canasta y la movieron muy bien. Imaginar cuál fue mi sorpresa cuando salió nuevamente mi nombre. ¡Increíble!

Abracé a mi mamá y la directora se quedó con la boca abierta.

Mi estancia en Perú durante ocho años

Jonathan tenía un plan de terapia durante los ocho años que vivimos en Perú.

Él en esos momentos tenía cuatro años, habíamos decidido que Jonathan se quedaría en Perú hasta que tuviera doce, y poder hacerle sus rehabilitaciones necesarias y después regresar a Suecia para que evolucionase en otras cosas más avanzadas.

Después de asistir a los hospitales, decidí contratar a un terapeuta para que viniese a casa tres veces por semana.

Jonathan asistió a dos muy buenos colegios para niños especiales. El primero fue un colegio militar muy prestigioso y privado por la calidad del personal, Jonathan avanzó inmensamente en todos los sentidos. Estuvo ahí cinco años. Luego lo puse en un colegio del Estado para niños especiales para que fuese más independiente sin mucha ayuda del personal. También avanzó muchísimo.

Mientras tanto, cuando Jonathan tuvo cerca de cuatro años, me quedé embarazada de mi segundo hijo, ya Jonathan podía caminar.

Todo el embarazo de mi hijo, la pasé muy bien, lo único malo que tuve náuseas durante todo el proceso y casi no comía.

Él también nació con cesárea, pero esta vez, el neurólogo tuvo mucho cuidado con la anestesia para no arriesgar a mi bebé, teniendo como referencia que mi primer hijo nació con parálisis cerebral.

Todo el embarazo estuvimos viviendo en el departamento alquilado mientras se construía nuestra casa.

La casa estuvo construida en seis meses.

Así que cuando nos mudamos, Emil tenía seis meses, creo.

La casa era preciosa, estábamos todos ilusionados, la decoramos con esmero.

Siempre me ha gustado tener casas y decorarlas, era mi pasión... Compramos muebles clásicos y modernos.

Hicimos una fiesta inolvidable cuando Emil cumplió un año, ahí llegó la hija de Jan por primera vez a Perú a conocer a su nuevo hermano y ver a Jonathan, que me imagino lo había extrañado.

Cuando me instalé en Perú, empecé a pensar, en el gran deseo que tuve desde que tenía veintisiete años, de hablar a los presos.

Y así, siempre les comentaba de ese gran deseo de mi corazón a las nuevas amistades que hice en Perú, ya que mis amigas de la escuela, no sabía dónde estaban, y ya no me recordaba sus direcciones.

Cuando le hablaba de este deseo, nadie me lo tomaba en serio, al contrario, bromeaban conmigo, me decían que cuidado, que cuando fuera a las cárceles me quedase dentro y después ellas tuvieran que llevarme frutas en sus visitas y se reían.

Bueno yo me reía con ellas, al fin y al cabo, pensaba que no entendían lo que yo sentía, pero nunca me desanimé en mi deseo.

Cuando viví en Suiza conocí la filosofía budista y cuando llegué a Perú, conecté con más miembros budistas para seguir en la práctica.

Un día, a una miembro le comenté una vez sobre mi deseo y sí lo tomó en serio. El detalle fue, que una vez asistí a una fiesta en la casa de una de estas nuevas amistades, y yo siempre tenía la costumbre de comentar mi deseo a las personas, cuando hablaba algo de la vida, filosofando, y en esta ocasión había un señor que bailaba muy bien y era bien alegre. Le pregunté de qué trabajaba y me dijo que era psicólogo de las cárceles de hombres y mujeres. «Wow», pensé yo. E inmediatamente le hablé del deseo que yo tenía.

Me preguntó de qué les iba a hablar, y le dije que de la vida, le pareció interesante y me dijo que iba a organizar un día para que yo diera mis charlas, pero no fue a una persona de una forma individual como yo había pensado, si no eran muchas personas en la sala.

Se estaba acercando el día, me llamó por teléfono y me dijo, si necesitaba guardaespaldas o algo en especial. Le dije que no era necesario guardaespaldas, que tan solo necesitaba una pizarra y un lápiz.

Yo, meses atrás, había estudiado teatro en Lima, con un grupo de artistas, fue un curso privado de tres meses, muy interesante. Hice este curso, porque a menudo me llamaban para hacer propagandas de televisión e incluso trabajaba de statist en las telenovelas, pensé que sería bueno estudiar teatro y esto justamente me ayudó para esta ocasión donde tenía que hablar para muchas personas.

Por eso siempre digo, a veces uno hace cosas, que en el momento no entiende por qué y luego con el tiempo, uno se da cuenta de que Dios va preparando a las personas para una misión.

Después, cuando di las charlas entendí que haber estudiado teatro, me había ayudado a desplazarme en una escena y perder timidez al público.

***

Llegó el día, tenía que estar muy temprano en la mañana a la dirección que me dio, donde se encontraba la cárcel. Me encontraba en casa esa noche muy nerviosa, pensé un momento por dónde comenzar, y empecé a leer libros. Después me dije a mí misma: «no tengo que leer nada, todo ya está en mi cabeza y lo tengo en mi corazón, y si me ha llegado el momento es porque estoy preparada».

Todas esas frases filosóficas que yo iba coleccionando durante toda mi estancia en suiza, de los libritos que guardé…

Selecciones se llamaban, todo lo tenía en mi cabeza eran muchos años de leer.

De repente, en la noche, delante de mi esposo, en la cocina, empecé a llorar de la emoción y la alegría que sentía en mi corazón, de poder hablar a los presos. Ese día, por fin, había llegado y me sentía tan agradecida con Dios que me parecía que estaba soñando.

Estaba feliz, lloraba de felicidad.

Era más que recibir un regalo de cumpleaños, era algo muy, muy grande para mí. Algo como una luz sin límites. Realmente nunca había sentido esa clase de felicidad. Me llenaba toda mi alma.

Mi esposo me vio llorando, y no me entendía, me decía que yo estaba loca, claro, él no entendía y yo lo comprendí.

No dormí muy bien. Me vestí muy clásica con pantalones, muy sobria, pensé que tenía que ir vestida así porque era una charla de hombres y tenía que inspirar respeto por lo que iba a hablarles.

Cogí un taxi y llegué antes. Era un sitio bien modesto. Yo esperé fuera, en una sala. Seguía nerviosa pero bien decidida.

En eso vi a un joven que venía y se sentaba, por el aspecto me dije que era un preso. Pero ocurrió algo muy mágico cuando yo lo vi, aparte de sentir una gran misericordia, se me quitó automáticamente todos los nervios, me sentí en casa, no lo puedo explicar con palabras…

Llegó la hora, pasé a la sala donde estaban sentados todos, estaba llena, algunos estaban parados, porque no alcanzaron las sillas.

Eran unos cuarenta hombres alrededor de treinta años.

Yo tenía mi pizarra y mi lápiz, al fondo, frente a mí, me miraba mi amigo, el psicólogo, atento a lo que yo les iba a hablar.

Empecé mi diálogo saludando y presentándome, le dije que yo era un ser humano normal que había vivido sus experiencias y que no quería que me mirasen como si yo estuviera en un pedestal hablando desde arriba con todas las comodidades del dinero.

Les conté mi vida, les dije que veía a mis padres pelear y me daba mucho miedo, que había recibido castigos físicos por parte de mi papá, pero antes de juzgar a los padres se debía averiguar cómo fue su infancia, para darnos cuenta de que hicieron todo lo que estuvo en sus manos para darnos todo lo que ellos no tuvieron.

Mis padres eran bien pobres, pero nunca nos faltó ni ropa ni comida, y yo fui siempre muy agradecida por eso, veía a mi papá cómo trabajaba duro para mantener a sus diez hijos.

Cuando fui consciente de todo eso, me prometí que cuando fuese grande le iba a dar a mi papá todo lo que nunca tuvo y lo iba a tener como un rey para agradecerle todo lo que me dio, nunca pensé en los golpes, sino en agradecer.

Gracias a ese sentimiento y esa meta, Dios me bendijo con abundancia, porque estuve en Suiza y gané mucho dinero. Cuando se es agradecida con sus padres, todas las puertas se abren, nunca tuve problemas económicos y Dios me sigue ayudando, dándome fuerzas para cuidar a mi hijo que nació con parálisis cerebral.

—Y también quiero ayudarles a ustedes, porque sé que a veces hay heridas de la infancia que no se sanan, y uno puede tomar un camino equivocado por la ira que se tiene por dentro, que, a pesar de haber vivido una infancia dura, escogí el camino de la bondad, que es la esencia del ser. Y gracias a ese camino se me abrió las puertas de bendición en todos los sentidos —finalicé.

***

A raíz de esta charla, me contrataron para ir a las cárceles de mujeres con un equipo de psicólogos, yo hacía el trabajo gratuito, porque para mí no era trabajo, era una alegría para mi alma poder ayudar. Luego, asombrosamente, me nombraron secretaria de la Junta Postpenitenciaria, salí en las revistas, y el nombramiento fue en el Congreso de la República. Junto a otros políticos.

Continué dando mi aporte para la sociedad, recolectando regalos para la Navidad y ropa usada para los hijos de los presos, porque ellos no tienen la culpa, eran seres inocentes. Yo luchaba explicando que, a los presos, cuando terminaban sus condenas, se les deberían abrir las puertas para conseguir trabajo y puedan cambiar, porque si los señalaban y les cerraban todas las oportunidades de trabajo y pensaba que era necesario para que estuviesen en la sociedad como personas de bien, si no ellos podrían regresar a cometer errores por no tener las puertas abiertas. Que rehabilitando a estas personas que eran peligrosas para la sociedad, dando charlas de autoestima, estaríamos colaborando con la sociedad porque habría menos delincuencia.

Esa era mi perspectiva. Luego tuve que dejar el puesto porque tuve que regresar a Suecia en el año 2005.

Fue una experiencia inolvidable y quisiera seguir dando charlas a los presos en el futuro.

Volviendo a mi vida cotidiana

Mi esposo en Perú continuaba teniendo problemas con el alcohol. Compré diez autos para taxi. Teníamos veinte chóferes.

Yo me ocupaba de cobrar y de la parte administrativa y mi esposo se encargaba de la parte mecánica de los autos.

El problema era que él tenía problemas con el alcohol, tenía que estarlo internando en centros de rehabilitación. Es decir, tenía tres hijos; mi hijo Jonathan con parálisis cerebral, mi otro hijo que nació en Perú y me encargaba yo de su escuela y mi esposo.

Tenía que cuidar mis cosas, porque pedía prestado a las personas, vecinos, etc. para beber, y yo estaba totalmente centrada en la rehabilitación de mi hijo, por eso no me divorcié. Creo que mi hijo fue el lazo, que me obligó a seguir en el matrimonio, porque no tenía tiempo para pensar en otra cosa. Todo esto me hizo una persona muy fuerte y emprendedora, tenía que hacerlo todo yo sola, como pilar de mi familia.

Aparte, que como vivíamos en Perú y cerca de la casa de mis padres, mis hermanos siempre venían a pedir ayuda económica, porque a través de todos esos años que yo vivía soltera en Suiza, los había acostumbrado a ayudarlos, pero entonces, tenía un hijo con parálisis cerebral y parecía ser que eso no les importaba.

Para mí fue un peso realmente vivir en Perú; ocho años luchando con la rehabilitación de mi hijo, teniendo empresas de taxis, viendo que mi esposo no tomase, internándolo, cuidando a mis padres, porque mis hermanos se acostumbraron a no ser responsables con ellos porque yo existía y tenía las posibilidades económicas y así pasó el tiempo…

Acontecimientos paranormales en Perú

Pero a pesar de haber luchado en Perú, también me pasó cosas bonitas y mis deseos se cumplían. Pude dar charlas a los presos, estudié teatro, entrenaba estrictamente tres veces a la semana, hacía aerobic, baile, natación, trabajaba en teleseries de telenovelas, que tanto me gustaba y propagandas de televisión, todo eso me llenaba.

También visitaba a algunas personas que vivían en la pobreza para darles consejos, además eso me ayudaba a valorar cómo yo vivía, como una reina, sabiendo que otras personas no tenían la suerte que yo tenía, agradecía a Dios por tantas bendiciones.

Mi hijo pudo caminar en el transcurso de nueve meses de haber llegado a Perú, como me lo pronosticaron en el centro de rehabilitación. En realidad, fueron muchas cosas interesantes y logré muchas cosas en mi lucha, no tengo de nada de qué quejarme, todo me hizo aprender.

Fueron muchísimas cosas que sucedieron dentro de este tiempo que viví con mi esposo en Perú, yo trataba de distraerme y tomar las cosas por el camino positivo. Pasé experiencias muy divertidas en Perú, viajaba también con mi esposo y mis hijos a algunos lugares del país, íbamos a la discoteca, bailábamos, pero los últimos años fue más difícil con el alcohol.

En una ocasión, me encontraba en el banco haciendo unos trámites y noté que entró un señor viejito con un bastón como usan las personas que no pueden ver.

El señor llevaba una ropa arrugada, pero limpia, estaba hablando con un empleado del banco preguntándole algo. Lo miré, pero seguí haciendo mis cosas.

Cuando él terminó su trámite, salió del banco y se estaba dirigiendo a la pista para cruzar. Era una avenida que circulaba mucho tráfico. Inmediatamente, me acerqué para ayudarlo a cruzar la pista, al mismo tiempo pensaba «¿cómo es posible que este señor camine solo en estas condiciones, no tendrá familiares que lo ayuden? ¿Cómo lo dejan salir solo?».

Me acerqué hasta donde se encontraba.

—Le voy a ayudar a cruzar la pista. ¿No le da miedo salir solo, señor? —le pregunté—. ¿Tiene familiares?

Él me respondió que siempre salía solo y encontraba a personas caritativas que lo ayudaban. Insistí con mi pregunta y finalmente me dijo que no tenía familia.

Seguidamente, le pregunté donde quería ir, le iba a pedir un taxi y pagarle para que lo llevase a su domicilio.

Me dijo que no me preocupase cuando ya crucé la pista con él, que a él gustaba pasear por esos sitios y salía una vez al mes.

—¿Dónde vive? —pregunté.

Me dijo que vivía en un asilo de ancianos y era de monjas religiosas.

—Deme el nombre del asilo y donde se encuentra para irlo a visitar —le dije y añadí que esa semana no podía, pero que la siguiente semana seguro que iba.

Antes de despedirme de él, le pregunté cómo se llamaba y me dijo Félix Gálvez.

—Encantada, Félix, mi nombre es María Teresa.

Sus ojos estaban normales, parecía que veía, pero estaba ciego.

Ese mes, recuerdo que era octubre, y en ese mes se celebra el Señor de los Milagros, mes morado, porque se lleva una ropa morada, es típico para las personas católicas. Se acostumbra a comer un pastel que lo llaman «turrón de doña Pepa».

Le dije si le gustaba para llevarle y me dijo lo que sea mi voluntad.

Me despedí de él, y le dije:

—¡Nos vemos!

A los pocos días tuve una reunión budista y le comenté a una señora del budismo que conocí un señor que estaba en un asilo y que iba a ir a visitarlo el próximo domingo. Le pregunté si quería acompañarme y me dijo:

—¡Claro, encantada!

Así eran las personas budistas muy humanas, por eso me gustaba ir a las reuniones, me sirvió de mucho apoyo cuando pasé momentos difíciles con mi esposo, con ellas salía a menudo a encontrar a otros miembros budistas que tenían problemas y a animarlos.

Así eran mis momentos que ocupaba mi tiempo.

Le comenté, creo, a mis padres y a mi esposo que conocí al señor Félix.

EL SEÑOR FÉLIX GÁLVEZ

Llegó el domingo, me reuní con mi amiga budista y compramos frutas, galletas y cosas que se necesitaba para llevar al asilo de ancianos y repartir a los otros ancianitos. Fue la primera vez que pisé uno. Era un sitio bien agradable, lleno de monjas, que era el personal, y bastante disciplina para el día de las visitas. Me hizo recordar el internado de monjas que yo estuve en mi niñez, era también de monjas, una experiencia muy bonita.

Pregunté en la recepción por el señor Félix Gálvez, el cieguito, le dije a la madre superiora, parece que era la única persona que no tenía la visión.

Me señalaron en qué sección se encontraba su cuarto y vi a un viejito sentado bien derechito afuera de su cuarto, en el pasadizo. Me le acerqué silenciosamente, y le dije desde atrás:

—Señor Félix, adivine quién está aquí…

—¿Señora María Teresa? —dijo con un gesto entre esperanza y felicidad que me conmovió mucho.

Pensé en mis adentros que él me estaba esperando. Qué habría pasado si no hubiera venido, qué tal desilusión para este señor.

—Sí —le dije—, soy yo. He venido con una amiga que le hablé de usted.

Él estaba muy contento, empecé a entregarle al señor Félix lo que le prometí, el típico turrón de Doña Pepa y otras cosas que pensé que eran necesarias para su vida diaria.

Regalé también a todos los viejitos todo lo que había traído.

Nos sentamos a conversar y lo primero que le dije fue:

—Dígame, señor Félix, ¿cuándo cumple años, para venir aquí con los mariachis a celebrar?

Me quedé asombrada cuando me dijo el dos de mayo, mismo día del cumpleaños de mi papá.

También analicé que él tenía el segundo nombre de mi papá.

No dejando de asombrarme, él me empezó a contar acerca de su vida, él había sido carpintero y a sus treinta años, empezó a perder la vista porque el nervio ocular murió y no había posibilidades de operación. Sus hermanos vivían en otro lugar y la persona que lo cuidó a él, hasta sus últimos días que falleció, fue su tía, que la quería mucho y se llamaba María Teresa, como yo, no salía de mi asombro. Qué tal coincidencia todo lo que me contaba.

Le dije que mi papá tenía la misma fecha de cumpleaños y que los iba a celebrar a los dos juntos.

Luego fui donde mis padres y les conté todo. Mi mamá se asombró, dijo que no le contase más, porque eso era cosa del diablo, no era normal. Me decía que yo siempre andaba en cosas raras. Yo me reí.

Este señor llegó a ser un gran amigo mío por años, hasta que regresé a Suecia. Salimos infinidad de veces a almorzar, con el permiso de las monjas. Siempre iba con mis hijos y alguna vez, creo, que fue mi esposo al asilo. Pero también lo llevaba a mi casa algún fin de semana para que se quedara con nosotros, con el permiso de las monjas.

Le preparaba en mi casa los platos que a él más le gustaba, inclusive una vez celebré su cumpleaños con mis amigos más íntimos y respetuosos.

Cada vez que yo lo visitaba, me sentaba con él, escuchándole todas las historias que me contaba del asilo y de sus compañeros. Era bien gracioso, una persona muy culta y me entretenía mucho, pasaba muy bonito a su lado.

Una vez le dije a mi papá, que se lo iba a presentar, organicé un fin de semana que el señor Félix iba a pasar en mi casa e invité a mi papá para presentarle a este señor tan especial.

Mi papá estaba en el otro cuarto de mi casa, y estaba acercándose a la sala a conocerlo, y noté que mi papá se hizo la señal de la cruz, antes de estar frente a él.

Me quedé pensando el porqué, pero pensé que mi papá pensaba que él era algo de otro mundo, me imagino.

Para mí era todo normal y bonito a la misma vez, claro había cosas muy misteriosas, pero me parecía interesante e increíble, lo importante era lo bien que me sentía con este señor, quería cuidarlo, que estuviese feliz y que no le faltase nada. Inclusive, le pregunté cómo podía hacer para buscar a sus hermanos, que, según él, quizás ya no estaban vivos, porque no supo más de ellos desde que lo internaron en el asilo los vecinos porque se quedó solo en la vida.

Quise ir a un programa de televisión donde encontraban a familiares de personas desaparecidas, pero por cosas de la vida, no se llegó a realizar.

Los días que él venía a casa y estaba con mi esposo, nos íbamos a un club que éramos socios. Lo pasábamos muy bien.

Con él tuve mucha confianza, le contaba la adicción de mi esposo con el alcohol, él me decía que siempre rezaba por mí y mi familia y que algún día iba a mejorar mi situación.

Pasó los años y mi papá se quedó ciego como el señor Félix, tenía un glaucoma.

Cuando se conocieron, ya tenía la enfermedad, pero veía muy bien. Aunque años después se quedó ciego.

Por si eso fuera poco, cuando mi papá tenía ochenta y dos años, también le dio una enfermedad que no se movilizaba muy bien.

Yo tuve que ir de regreso a Suecia en el año 2005. Ya no vi al señor Félix y mi papá empeoró. Estaba preocupada desde Suecia por su salud, y traté de ayudar en lo que podía. Muchas veces se caía de las escaleras porque no veía, necesitaba una buena atención, pero yo no podía porque ya no vivía en Perú.

Cuando iba de visita, veía que mi hermano menor no tenía paciencia con mi papá y lo gritaba, me dolía ver esa situación, también veía que estaba mayormente solo en su habitación, él tenía Alzheimer también.

Como estaba tan preocupada por mi papá, me olvidé del señor Félix un año, me preocupaba por mi papá porque veía que no lo atendían con paciencia, y yo lo veía triste, cuando yo llegaba de vacaciones me decía:

—Hijita... ¿Cómo estás...?

Yo trataba de hacerlo feliz mientras estaba en Perú, pero cuando regresaba a Suecia solo pensaba y pensaba, no sabía cómo hacer para que a mi papá lo atendieran bien, les envié un dinero a mis hermanos, pero sospechaba que de todas maneras no lo atendían bien.

Quise poner enfermeras en mi casa para que lo hicieran, y parece que eso no les gustaba a mis hermanos, que le pagase a otra persona y no a ellos.

En conclusión, tomé otra decisión con la ayuda de mis tías, que buscaron una casa de reposo privado, con doctores siempre a mano.

No sé si esa fue una buena decisión, pero la tomé, para que mi papá tuviera compañía.

Cómo es la ironía de la vida, mi papá terminó como el señor Félix, ciego y en un asilo, claro, este era privado, una casa de reposo, pero la situación era la misma.

Luego lo cambiaron a otra casa de reposo cerca de la casa de mis padres, y ahí sí lo visitaba mi mamá y mis hermanos cada domingo o más.

Mi mamá estaba muy activa con mi papá y siempre lo visitaba. Un día falleció mi papá de un paro cardiaco, justo un día después de su cumpleaños.

Me dijeron que bailó bastante y estuvo bien contento.

Yo tuve un sueño premonitorio unos dos meses antes que falleciera, soñé que lo estaba llevando un taxi a la casa de reposo, donde falleció, y mi papá me cantaba. Cantando me voy, decía.

Me dio una mala impresión ese sueño, quizás él ya sabía que cuando lo cambiaron de casa de reposo iba a morir. Creo que me avisaba para que viajara a despedirme de él… ¡Cuánto hubiera querido hacerlo!

Pero no lo hice, cuando recibí la noticia en Suecia estuve muy mal, casi meses sin comer.

Con todo esto que sucedió, me descuidé del señor Félix. Creo dejé de verlo dos años, pero le había encargado a otra amiga budista que lo visitase los domingos. Yo le enviaba lo que necesitaba, y ella, que era muy buen ser humano, hizo todo con mucho gusto hasta el final.

Cuando yo viajaba a Perú, una vez decidí visitar al señor Félix, le conté de la muerte de mi papá, por eso no lo había visitado.

Lo vi bien desmejorado al señor Félix, me dio mucha tristeza, pero de ahí nunca más lo dejé. Creo que vivió dos años más, me encargaba cuando lo visitaba que, por favor, controlase que le pongan su lápida con su nombre cuando falleciera, porque él pagaba el seguro para eso.

Siempre lo llamaba desde Suecia al asilo. Lo único que no se me ocurrió que era lo más práctico, comprarle un celular para que tuviese en su habitación y no tener que movilizarse hasta la recepción a hablar conmigo, ya no tenía muchas fuerzas y se demoraba para que lo llevasen hasta allí.

Por unas cuantas semanas, se me apagaba la televisión y se prendía sola, muchas y repetidas veces durante cinco días. Pensé inmediatamente, que algo le estaba pasando al señor Félix, llamé al asilo y pregunté cómo se encontraba él. Me dijeron que estaba un poco enfermo del estómago, y que no podría ir a hablar, pero como me dijeron que estaba allí, me quedé un poco más tranquila.

Luego de tres días, mi amiga me llamó en la madrugada diciéndome la mala noticia. Lloré mucho en casa, mucho…

Al siguiente día, hablé nuevamente con mi amiga acerca de la lápida que él me encargó, para verificar si le han puesto todo correcto y sentí en esos momentos un viento de mucho frío, helado, en la habitación, sabía que era el espíritu de mi gran amigo Félix, que se presentó a escuchar lo que me encargó. Estoy muy agradecida por esta experiencia, fue un amor incondicional seguro de otras vidas.

OTRO ENCUENTRO CERCANO A LA MUERTE EN EL MAR

Ya era el año 2005, y Jonathan ya tenía doce años.

Cuando recién nos habíamos mudado a Perú el año 1996, para la rehabilitación de Jonathan, habíamos acordado mi esposo y yo, que nos regresaríamos a Suecia cuando Jonathan hubiese evolucionado lo suficiente con todas sus terapias en Perú. Especialmente, la terapia física, y ya tendríamos que mudarnos a Suecia nuevamente para que Jonathan siguiese evolucionando en otras partes técnicas que ofrecía Suecia.

Llegó el momento, compramos los tickets de vuelo para los cuatro, nosotros con nuestros dos hijos. Estábamos arreglando nuestras maletas, ropa, etc, todo lo que teníamos que llevar y, de pronto, mi esposo tuvo una recaída del alcohol y lo tuve que internar para que no se malograse nuestro viaje de regreso.

Pero un mes antes, fuimos al club privado donde éramos socios, en verano, hacía mucho calor en ese club, que quedaba cerca de nuestra casa.

Allí hemos pasado momentos muy felices con nuestros hijos pequeños, hemos hecho camping con nuestras tiendas con cama, era bien interesante para Emil y Jonathan, cuando dormíamos en la noche, con nuestra lamparita. Hacíamos grill, nos bañábamos, había restaurantes, de todo había en ese club.

Cuando necesitábamos algo, nos íbamos a la casa que quedaba a trescientos metros del club.

Noté que un domingo, cuando fui al club, empecé a nadar en la piscina grande, muchas veces ida y vuelta sin parar, yo no entendía por qué, pero lo hacía, sin pensar, parecía que iba a competir para una olimpiada de natación. En ese año, yo tenía cuarenta y ocho años, era muy deportista y lo sigo siendo.

Nadaba y nadaba, creo entre veinte y veinticinco veces sin parar, ida y vuelta, no sabía el porqué. Mi esposo me preguntó por qué nadaba tanto, era algo raro para él, porque nunca lo había hecho.

Le dije que no sabía y seguía, no me detenía ni siquiera a conversar.

Una semana después, lo tuve que internar nuevamente, porque recayó y ya teníamos fecha de regreso en avión a Suecia.

Cuando estaba sola en casa, una vez, recuerdo que era sábado e hice una reunión con amigas de improviso, tomamos un poco y al otro día yo estaba con resaca.

Previamente, yo había organizado y planeado con otra amiga y con su hijo y los míos para ir a la playa el domingo, pero por casualidad de la vida ese día estaba con la reseca del día sábado, aunque de todas maneras cumplí con lo planeado.

Pensé que no podría manejar porque había tomado la noche anterior, que no estaría concentrada para hacerlo y pasé a buscar a mi hermano, para que manejase mi auto y nos llevase a las playas del sur. Me dijo que no podía, pasé por casa de otro amigo y no lo encontré.

Entonces decidí manejar yo.

Era una hora de camino manejando en la autopista, me concentré muy bien, sabiendo que estaban todas las personas en mi auto bajo mi responsabilidad.

Finalmente, llegué muy bien a la playa, nos parqueamos. Las playas del sur eran más limpias, algunas playas eran peligrosas.

Al llegar a la playa, vi un letrero amarillo, que decía que se debe tener cuidado por la corriente, y pusieron en una parte «zona de peligro», ya que había unas rocas negras por esa zona.

Nos pusimos lejos de ese letrero, pero no lo tomé muy en cuenta.

Empecé a tirarme debajo de las olas con el hijo de mi amiga, que tenía quince años, una y otra vez, estaba muy divertido.

Mi hijo de siete y mi hijo de doce jugaban en la arena haciendo hoyos, como acostumbraban. Mientras mi amiga estaba con ellos tomando el sol, yo me zambullía debajo de las olas, me divertía mucho con Israel —así se llamaba el hijo de mi amiga— y así estuvimos mucho rato, hasta que me tiré una vez más, pero esta vez cuando saqué la cabeza, estaba bien lejos del hijo de mi amiga, era como si hubiera tenido patines en los pies, que me llevó sin sentir.

Vi a mis hijos muy pequeñitos en la arena, estaba muy muy lejos, la corriente me había llevado hacia unas rocas negras muy grandes.

Grité al hijo de mi amiga por su nombre, y él se dio cuenta, él sabía nadar muy bien, yo subía y bajaba con las olas para mantenerme flotando.

Mi hijo de siete años me cuenta, que él veía solo mi cabeza que subía y bajaba y mis brazos que yo los movía para mantenerme arriba.

Cuando el hijo de mi amiga me vio, comenzó a nadar a mi encuentro, cuando él estaba un poco cerca de mí, la corriente nos llevó a los dos aún más adentro.

Él no podía acercarse a mí mucho, porque yo estaba alrededor de un remolino, hasta ahora me recuerdo el ruido de ese círculo, era como un monstruo.

Él me tiró un puñete en mi espalda y me decía que moviese mis pies, porque si no me iba a hundir, ya nadie me hubiera podido rescatar, yo me quedé impresionada.

Entonces, recuerdo que moví los pies con tal fuerza que con las uñas de pies le rasguñé la espalda a Israel.

Le dije que no se acercase, que se fuera, no quería que a él le pasase nada malo por salvarme, quería que no muriera. Continúe gritando que no se preocupase por mí que se fuera y que se salvase.

Sabía que, si yo me agarraba de él, iba a caer en pánico, y ahí sí me iba a ahogar. Llegué a pensar que no había salida.

En ese momento me dije: «¡Me agarró la muerte de sorpresa!».

Sentí un poco de rabia y continué hablando conmigo misma: «¿Por qué no me avisaron?», sentía que algo me estaba pasando una mala jugada y ese era el día que tenía que morir.

Recuerdo que miré al cielo con una paz y una aceptación inexplicable. Por unos segundos me olvidé de que estaba en el mar. Miraba al cielo y me sentía en casa, bienvenida, no tenía temor, solo aceptación.

Pero luego, tuve creo una telepatía con Dios, miré a mis hijos, se veían como hormiguitas, y se iban a quedar solos tan pequeños. Mi esposo estaba internado en la rehabilitación y mis hijos se iban a quedar a la aventura.

Mi hijo Jonathan estaba haciendo agujeros en la arena, pero a su vez mirando pensativo al mar y Emil estaba de pie.

Parece que Dios me preguntó telepáticamente, si yo quería seguir viviendo y mi respuesta fue sí, por mis hijos.

Hubo una comunicación telepática con Jesús de Nazaret.

En ese momento, mi hijo de siete años avisó a los vigilantes de la playa, pero no se habían percatado de mí, ni las personas que estaban en la playa.

Estoy segura de que Dios utilizó a mi hijito para que avisara a los salvavidas. Inmediatamente, se tiraron dos hombres con una cuerda naranja como de pescadores, estaba muy lejos.

El hijo de mi amiga les dijo que los dos se ocupasen de mí, que él podía nadar.

Ellos no podían acercarse porque yo estaba dentro de un remolino, me gritaron que me cogiera de la cuerda y por suerte, lo hice a la primera lanzada. Ellos iban nadando cien metros por delante de mí para jalarme como una grúa. Yo tomé la cuerda como si fuera mi vida, ahí me di cuenta verdaderamente que iba saliendo. Los salvavidas me gritaban desde lejos cuando estaba una ola por venir, que tomase aire y aguantase la respiración, la ola me daba vueltas, veía burbujas, me daba vueltas con la ola, aguantaba la respiración y no soltaba la soga, me daba vueltas en el mar, quería vivir.

Luego pasé otra ola, hice lo que me gritaban indicándome, ya casi llegábamos a la orilla.

Cuando llegué a la orilla pensé que ya estaba muerta, que ya estaba en el más allá, llegué sin la parte de arriba del bikini, me sentía muy mareada, como si hubiera tomado cerveza.

La gente de pie mirando todo, empezaron a aplaudir porque salvaron una vida, no me desmayé, no tomé ninguna gota de agua, fue verdaderamente increíble la fuerza física que tuve.

Me entrevistaron, me dijeron si tenían que llevarme al hospital para una revisión, le dije que me sentía bien, estaba en un shock.

Me preguntaron mi edad, le dije que cuarenta y ocho años. Se asombraron porque tenía mucha resistencia para mi edad, también me decían que, si me llegan a rescatar tres minutos después, yo me hubiera hundido y nadie hubiera podido hacer nada.

También me dijeron, que lo que ellos temían, era que las olas, cuando reventaban me arrastraran hacia las rocas y me hubiera estrellado la cabeza.

Abracé a mis hijos muy fuerte y manejé de regreso a casa.

De camino, les hice una broma:

—¿Quién hubiera manejado si yo me hubiera ahogado?

Ahí entendí por qué yo estaba entrenando a nadar una semana antes en el club, era para prepararme para este acontecimiento.

Esto fue lo más fuerte que viví, porque en otros encuentros a la muerte que tuve, en el Amazonas, casi me iba a ahogar, pero fue rápido cuando el enanito me salvó.

También cuando trascendí en Suecia, mientras me bañaba, me dio un paro cardiaco, pero no sentí nada, solo mareos y falta de aire, ahí mi alma traspasó la pared y vi una luz amarilla.

Pero en el mar, fue la experiencia más terrorífica que he pasado hasta ahora. Después que me sucedió esto, quería estar sola en la naturaleza, no sé por qué, pero necesitaba estar con mi ser.

Cada vez que contaba esta experiencia, siempre lloraba, luego se me fue mejorando hasta que lo cuento ahora y no tengo mucha emoción.

Pero hoy me pasó algo diferente, ya han pasado dieciocho años.

Esto fue en el año 2005 y ahora estamos 2023.

En este momento que escribo este libro aquí en la biblioteca, regresó nuevamente esa emoción y empecé a llorar con mucho sentimiento, se lo conté a la señorita que trabaja aquí. Regresó ese sentimiento.

Al siguiente día del accidente, me levanté de la cama como si un camión me hubiera pasado por encima, me dolía todo el cuerpo, todos los huesos, creo que fueron los golpes de las olas.

A mi esposo lo llamé al centro de rehabilitación al día siguiente y le conté que estaba viva de milagro, se quedó asombrado.

Llegó el día de nuestro viaje, llevábamos muchas cosas, dejamos arreglado todos los muebles de la casa en un cuarto y nos fuimos, mi perrito se quedó encargado con una amiga, me arrepiento tanto no haberlo traído conmigo, porque era un hijo más, pero en ese momento no entendí.

Llegamos a Suecia en 2005, mi esposo me pidió el divorcio unos meses después, yo realmente me sentí muy agradecida que nos separáramos, porque yo no iba a vivir ese ambiente del alcohol, fue muy traumatizante.

Él vivió solo y yo también con mis hijos, que lo visitaban cada quince días. Él siguió trabajando de profesor, pero seguía tomando los fines de semana.

***

Ese mismo año, conocí a un sueco, nueve años menos que yo, pero no se notaba, ya que nunca he aparentado la edad que tengo.

Estuvimos casi ocho años, pero en realidad creo los tres primeros fueron felices, yo no quería vivir otra vez junto a un hombre porque venía de una mala experiencia, y prefería vivir como enamorados.

Él pidió para tener un hijo conmigo a los meses de haberme conocido, creo por mi edad, era el límite, él no tenía hijos y seguro que quería tener uno conmigo. Le dije que no, que yo tenía mis hijos, y no iba a empezar nuevamente, y sobre todo que tenía a un hijo especial, que tenía toda mi atención. Con Jonathan se llevaba muy bien, tenía mucha paciencia, pero con Emil creo que tenía celos, y Emil también con él.

Mis hijos nunca me habían visto en otra relación, más que su papá. Yo estaba muy enamorada, eso era lo que me faltaba, porque en realidad con mi esposo no tenía ese sentimiento desde hacía muchos años.

Viví y disfruté de esta experiencia, por primera vez que se rompió esa cadena de conocer parejas alcohólicas. Era todo lo contrario, bien trabajador y organizado, cosa que yo no lo era en esos momentos, ya que solo estudiaba. Creo que lo conocí en un tiempo, que no era el correcto.

Bueno, con el tiempo me di cuenta de que él se estaba aburriendo, él quería formar una familia y conmigo ya estaba perdiendo sus años, y ya no era tan joven.

Yo en el fondo sabía que iba a terminar esa relación así, pero continué. Al final, me apegué tanto a él, que sufrí bastante cuando se terminó todo.

Justo en el 2009, la muerte de mi papá, él terminó conmigo, mi mamá estaba grave después que mi papá falleció, estaba mal de los riñones, de sufrir de presión alta toda su vida, y cuando murió mi papá, mi mamá estaba muy deprimida y ya no quería vivir. Lloraba cuando estaba sola mirando la foto de papá.

Cuando terminé con él, cortaron todas las amistades que teníamos en común, ya no querían seguir conmigo, incluso con mi mejor amiga y otra amiga que yo confiaba bastante y nos reuníamos a menudo con mi enamorado. Ella me traicionó, a mis espaldas. Estaba planeando quitarme a mi enamorado y que se quedase con su hermana.

Bueno, pasé todas esas desilusiones juntas, gracias a Dios que estuve con mis hijos, porque me sentía muy triste.

Luego con los años entendí, que no hay mal que por bien no venga, y que Dios cierra puertas para abrir otras mejores.

Me volví una persona muy responsable e independiente, todas las cualidades que me gustaba de mi enamorado, las obtuve yo cuando estuve sola.

Paralelamente a esta relación, mi exesposo tuvo una relación con una profesora sueca que enseñaba en el mismo colegio que él.

Lo vi muy bien a mi exesposo en esta relación.

Los dos estábamos pasando unos momentos de enamoramiento con nuestras respectivas parejas, y también mucha casualidad que los dos acabamos nuestra relación casi al mismo tiempo, cosas de la vida.

A partir de ahí nunca él tuvo otra pareja ni yo tampoco. Fuimos buenos amigos por separado yo y mi esposo, a veces discutíamos por los hijos, pero en general, vivía mi vida bien independiente y fuerte, sobre todo.

Yo me dediqué a estudiar el sueco nuevamente, porque no lo había hablado durante ocho años, estudié leyes suecas y todos los cursos que se requerían. También estudié posteriormente marketing, pero no pude trabajar en eso porque mi hijo requería de mucha atención, además no dormía bien en las noches, porque tenía que dormir con él.

Entonces, le empezaron a dar epilepsias muy fuertes.

A veces me preguntaba a mí misma, por qué estudiaba tanto, y me decía a mí misma: «algún día lo entenderé».

Y, efectivamente, cuando mi hijo cumplió dieciocho años, necesitaba una representante legal, eso es la ley aquí en Suecia. Y gracias a todo lo que estudié, pude ser su representante, sino el gobierno hubiera escogido a algún ciudadano sueco que lo representase y eso, para mí, hubiera sido muy difícil. Porque la mamá ya no contaba mucho, sino que su representante era quién decidía por él.

Es decir, yo no hubiera podido viajar con mi hijo a ninguna parte sin pedir permiso a su representante y esperar su respuesta. A Dios doy gracias por ayudarme, y justo a tiempo terminé la relación con el sueco, estaba distraída y no hubiera podido ser representante de mi hijo.

Todo es justo y perfecto lo que Dios hace por nosotros.

Todo es para bien.

Cuando yo empecé a buscar trabajo en mi profesión, le conté mi situación que no dormía bien en las noches por mi hijo, me dijeron que así no podría trabajar, me aconsejaron que hiciera trámites para que mi hijo tuviese asistentes y yo poder tener una vida tranquila y trabajar, pero que así no podían darme trabajo.

Me dieron un teléfono de una empresa de asistentes, me contacté con ellos, y el gerente de la empresa en un lapso de cuatro meses, pudo hacer todos los tramites con el seguro y logro que le diesen 560 horas por mes. Eso significaba veinticuatro horas de asistente diaria, lo máximo que da el seguro, dependiendo de las necesidades que requiere el niño especial.

Todo este trámite y la búsqueda que yo hice no hubiera sido

posible si yo no hubiera sido la representante legal de mi hijo.

Aquí se realizó el sueño premonitorio que tuve cuando mi hijo tuvo seis meses de edad, que soñé que mi hijo estaba en un baño de muchas heces y una mujer japonesa me dijo que con mi hijo iba tener mucho dinero, a este seguro se referían, una vez más, mis sueños se cumplían.

Una de sus asistentes soy yo y organizo cómo tienen que tratarlo otros asistentes, que yo misma los escojo, y todos son de habla hispana, sudamericanos.

Gracias a que soy la representante legal de mi hijo, hago todo lo posible para reunir fondos para diferentes terapias que mi hijo necesita, y hago todo lo que está en mis manos para el bienestar de mis hijos.

Mi exesposo desgraciadamente siguió con el alcohol aquí en Suecia también, él trabajaba de profesor desde el 2005.

Cuando terminó la relación con su pareja, creo que volvió más en el alcohol. Yo sabía que el trabajar de profesor para él era lo que lo mantenía en una disciplina para no beber tanto, pero algo me decía dentro de mí que, cuando se pensionara, tomaría sin límites porque no tendría obligaciones.

Claro cuando él trabajaba tomaba los fines de semana, se había cerrado en su persona, a veces mis hijos iban a verlo y no les abría la puerta de su casa, a pesar de estar dentro.

Se comportaba de una forma muy extraña, no quería ver a nadie. Mi hijo tuvo que alejarse de él porque le hacía daño psíquicamente en su ánimo. Era muy negativo, y mi otro hijo especial por muchos años, ya no quería verlo.

El papá de mis hijos falleció en diciembre 2021 en su casa;

solo, de un paro cardiaco. Lo encontraron después de días, en el piso de la cocina de su casa.

Una vez le tocó la puerta su hija, y en vista que no contestaba, envió a la policía para que abriese la puerta y lo encontraron en el piso, en la mesa había unas pastillas para el dolor de cabeza.

Me da mucha tristeza que no lo pude ayudar.

Cuando a mí me dio un infarto en su casa de soltera, estaba él allí conmigo y me pude recuperar, pero así es la vida; el alma de cada persona sabe el día y la hora que va a trascender.

Fue un gran golpe para mi hijo menor, a mi hijo mayor, que tiene discapacidad no sabía cómo decirle algo tan grave, a pesar de que no lo veía por años, alguna vez hablaba con él por teléfono, pero como no se le entiende cuando habla por teléfono porque no se le ve la expresión y las señas que hace con las manos, no se le puede entender nada, porque no pronuncia ninguna palabra correctamente.

No sabía cómo decirle, pero parece que lo entendió poco a poco, casualidad que nunca más preguntó por él, parecía que entendía que él no estaba aquí en la tierra.

Al tercer día de su fallecimiento, se le apareció a mi hijo para despedirse, porque vi la expresión de mi hijo, estaba llorando muchísimo con mucho sentimiento y miraba hacia arriba, algo verdaderamente inexplicable.

Los niños especiales son almas puras, que encarnan en la tierra para enseñar a los seres humanos qué es la bondad, paciencia, tolerancia y amor incondicional.

A mi hijo menor lo acompañé en su duelo, él se sentía un poco culpable porque no vio mucho a su papá, y se apartó de él, para no sentirse afectado por su forma de ser pesimista y lo hacía sentir culpable a mi hijo.

Pero él trató de visitarlo muchas veces, le tocaba la puerta y no le abría, así pasó en muchísimas ocasiones, y él tomó su decisión por su paz mental que no se viera afectada.

Por cosas de la vida, mi hijo se interesó por la espiritualidad un año antes de este suceso, quería buscar respuestas a por qué su papá se comportaba así y se volvió muy espiritual.

Creo que esto ha sido los cimientos para poder vivir algo tan duro, como es la muerte de su papá. Se estaba preparando con la espiritualidad, sabía en el fondo que iba a terminar así su papá, estaba en el camino, y la frustración de mi hijo era que su papá no se dejaba que le ayudasen, todo lo contrario, se aisló de las personas que lo querían, y pasó lo mismo con su familia sueca, su hija, hermanos, etc...

Traté de explicar a mi hijo que todo lo que él hizo por su papá, fue lo que estuvo en sus manos, que todo estaba bien, que no había culpas, solo aprendizajes.

La muerte de mi exesposo hizo un gran despertar en mí y mi hijo. Con él descubrí que la muerte no existe.

***

Cuando falleció fuimos a su apartamento y vimos todo cómo lo había dejado antes de fallecer, vimos el pan que había comido en la sala, juntos con sus lentes, que imagino que estaba viendo su móvil o leyendo el periódico. En el baño, estaba su bata azul, como si hubiera ido algún sitio, en la cocina, donde fue el lugar que le dio el infarto y cayó en el suelo había unas pastillas de paracetamol para el dolor de cabeza.

Mi hijo Emil decía:

—No puede ser que una persona desaparezca así, debe estar en algún lugar. —Gritaba—: Papá, papá, ¿dónde estás?

Ahora escribiendo estas líneas, se me caen las lágrimas, al recordar la expresión de mi hijo de desconcierto y mucha tristeza, pero también con la convicción de que él debe estar en algún lugar no visible.

Conseguimos por medio de Facebook y los medios online, una médium, que, por cosas de la vida, me llamó mucho la atención.

Un mes antes del fallecimiento del papá de mis hijos, le hablé a mi hijo de esta persona, la opinión que ella tenía de la transcendencia corroboraba a lo que yo últimamente había estado escuchando en los medios de YouTube, y yo también había vivido un encuentro cercano a la muerte, cuando sufrí de un infarto y llegué a la luz.

Decidí conectarme con esta médium vía wasap e hice una cita para comunicarme con mis padres.

Llegó el día, yo estaba muy nerviosa, nunca había hecho esa clase de sesiones.

En realidad, yo le di el nombre de mis padres un día antes de nuestro encuentro por videollamada, y efectivamente llegaron mis padres, ella los describía tal y como eran, pero estaban sanos y eran más jóvenes.

Me comunicó cosas que yo solo lo podía saber y mis padres. Me dieron muchos consejos, pero me dejó muy contenta, porque estaban los dos juntos.

Mi mamá falleció con mucho dolor, le dije que me dolió

mucho verla sufrir, pero ella me dijo que sintió dolor al principio, pero ya al final, no sintió nada de dolor, a pesar de que estaba todavía con nosotros, creo que el alma se desprende antes de fallecer para prepararse a trascender.

Cuando fuimos al funeral y ahí estaba el cajón que tenía el cuerpo del papá de mis hijos, a pesar de ver que todos lloraban en un inmenso dolor, yo estaba contenta por él, porque ahora estaba con sus padres y ya no se sentiría solo ni culpable de nada, eso pensaba yo para mis adentros.

Pero me daba mucha pena viendo la tristeza de Emil, a mi hijo Jonathan no lo llevé, porque él tiene parálisis cerebral y es muy sensible, no sé cómo se hubiera tomado ese momento tan triste.

Después de unas semanas de su fallecimiento, decidimos contactar con la médium peruana; yo estaba segurísima de que él había ido a la luz, eso es lo que yo pensaba por la experiencia que yo tuve cuando me dio un infarto... Pero me sorprendí, la médium me dijo cuando trató de conectar con él, que estaba en un cuarto oscuro, me dijo exactamente como él acostumbraba a sentarse, y así lo vio, le dijo que le dolía muchísimo la cabeza, por esa razón vi las pastillas en la cocina de su casa que él tomó, antes del infarto. Le señaló a la médium sus lentes y eso era para que nosotros reconociésemos que era él.

Nuevamente atribuimos las lentes que encontramos en su mesita de su sala cuando llegamos al departamento después de que falleció.

Es decir, él estaba exactamente igual como acostumbraba a estar en su departamento, quizás no sabía que había fallecido, pensando y pensando, sintiéndose culpable de toda su vida por eso no siguió a la luz. Esa es la razón que tomaba alcohol. Ahí estaba, no quería escuchar a la médium, era la misma situación en la que estaba aquí en la tierra, solo cambió de plano. Me dio muchísima pena y preocupación.

Nos aconsejó la médium que le prendiéramos una velita durante un mes y cada día hablásemos con él con mucho amor. Y así lo hicimos cada día, yo le hablaba de todas las cosas bonitas que habíamos vivido en Acapulco, que él era una buena persona, que no se sintiese culpable de nada, que hizo todo lo que supo y pudo, que solo al otro lado está la luz, que fuese hacia allá para que se encontrase a sus padres, que allí nadie lo va a juzgar, y no iba a tener más dolor de cabeza. Cada día lo hicimos yo y mi hijo.

A los veinte días, ya no podíamos resistir de saber cómo estaba e hicimos una cita con la médium.

Él estaba en un sitio maravilloso, con colores tan vivos, mucha vegetación y un lago, estaba con un familiar, creo que era su abuela, pero joven, la médium la describía con las ropas antiguas que se usaban aquí en Suecia.

Él estaba maravillado con el sitio, muy feliz, agradeciéndonos que lo ayudáramos a transcender hacia la luz, al despertar.

Dijo también que le habíamos hablado demasiado, que fue bien intenso. Nos causó mucha risa cuando hizo ese comentario, también nos dijo que no hablaba bien el español y tenía un acento extraño, eso lo sabíamos nosotros.

Ahí entendí, que el hombre que yo vi en el aeropuerto por primera vez, con esa luz tan grande, era un gran maestro que me iba a llevar al mundo espiritual y descubrir que la muerte no existe. Que nuestra alma transciende a otro plano, que no es la tierra, para seguir evolucionando como espíritus que somos, que el cuerpo es solo un medio que el alma debe tener para experimentar todas las experiencias y lecciones que venimos a aprender en este periodo corto de vida.

Una mirada a mi interior que me marcaron a preguntarme quién soy yo, para qué estoy en esta vida terrenal.

Toda mi vida ha sido una lucha y aprendizaje a través de las experiencias.

Pero algo me marcó y me hizo pisar fondo, fue el comienzo del camino a la espiritualidad, de allí puedo deducir, que todo lo que pasa es perfecto y todo llega en la vida cuando tú estás preparado para entenderlo.

Analicé en mi vida que yo tenía varias heridas de la infancia no curadas, para conocerlas, tenía que cambiar mi sistema de creencias malinterpretadas.

En ese año, llegó el tiempo del COVID. Un hermano mío que vivía en Perú fue llevado de emergencia, le faltó el aire y lo entubaron, estuvo muy mal, tuvo una experiencia cercana a la muerte.

Por supuesto yo lo ayudé inmediatamente con las clínicas y todo lo que fuese necesario para salvarlo que estuviera en mis manos.

En realidad, durante toda mi vida ayudé a toda mi familia, sentía que como yo era tan bendecida por Dios, debía ayudar a todos, porque tenían menos suerte.

A la misma vez analicé que yo era muy controladora, quería tener todo bajo control, para que no abusasen de mí, a la misma vez que era muy desconfiada de las personas.

Me di cuenta cuando toqué fondo que yo tenía una gran herida de abandono de la infancia.

Sucedió que mi hermano se recuperó bastante, continuaba haciendo sus terapias físicas, pero ya había salido de la gravedad, luego como yo ya no enviaba grandes sumas porque no necesitaba más cuidados, él me dijo una vez que el doctor le había diagnosticado una enfermedad incurable y que prácticamente no le quedaba mucho tiempo. Yo me preocupé, y a la misma vez tuve la intuición de que me estaba mintiendo. Le dije que me diese número del doctor, le noté que dudó en dármelo, pero finalmente me lo dio.

Esto me hizo sospechar aún más.

Cuando escribí al doctor me confirmó lo que intuí, que él estaba bien, y solo necesitaba terapias y con el tiempo mejoraría y para nada tenía una enfermedad grave.

Esto me dolió tanto, tanto, porque pensaba, si yo he dado todo por él... ¿Cómo es posible que me quiera chantajear emocionalmente para que le siga dando más dinero?

Ya antes había pasado mucho temor y miedo, nerviosismo por lo grave que estaba, y cuando ya me estaba recuperando, ¡me dice esta gran mentira!

Me sentí tan mal, me sentí como si yo fuera una basura, con tan poca autoestima y me hice una recopilación de toda mi vida por primera vez. Siempre ayudando y ayudando, no importaba cuánto daba, mi esfuerzo, mi dinero, mi energía y ¡nunca bastaba!

Me pregunté «¿quién soy yo? ¿Para qué existo? ¡Yo merezco

ser feliz!».

No podía ser posible que toda mi vida haya ayudado a toda la familia y no me valorasen.

Caí en una depresión muy grande. Porque además de eso yo noté que me preocupaba demasiado. No podía dormir cuando algo les pasaba a mis hermanos, los ayudaba inmediatamente con cualquier cantidad de dinero, pensaba que de mí dependía que viviesen o muriesen porque yo era la que había tenido suerte y ellos no.

Así pensaba, a veces hasta me olvidaba de atender a mi hijo con discapacidad por ayudarlos, me preocupaba demasiado, sin embargo, a mis otros hermanos no les afectaba como a mí.

Después de esta experiencia tan decepcionante, fue la primera vez que yo me interrogué: «¿Por qué yo sufro así?». No tiene que ver con ellos, tiene que ver conmigo.

¿Por qué siento esto? ¿Qué me quita la paz?

Decidí hacer una cita con una psicóloga y le narré cómo fue mi infancia, me ayudó más que todo a desfogarme y llorar, por primera vez en mi vida le contaba mi infancia a una persona desconocida y podía llorar.

Tuve con ella cuatro sesiones. Después me di cuenta y ella también, que no necesitaba más citas.

Lo que realmente me ayudó a comprender todo fue la espiritualidad.

Decidí bloquear a toda mi familia y todas las amistades que conocían a mi familia para poder tener paz mental y poder estar conmigo misma.

Fue la primera vez en mi vida que quise conocerme, nunca había tenido tiempo de hacerlo por estar priorizando las necesidades de los demás.

Primera vez, que yo estuve en primer lugar en mi vida.

Compré libros de autoayuda y empecé a ver videos en YouTube, sobre la autoestima.

Ahora puedo entender por qué ayudaba de esa forma que no era normal, siempre queriendo ayudar. Era por las heridas de la infancia que tenía y quería llenar ese vacío ayudando a mis hermanos para que me valorasen y me quisieran, algo que no percibí de niña, porque éramos muchos hermanos.

Pero lo que entiendo ahora… ¿Quién me va a respetar ni valorizar si yo no lo hago conmigo misma? Nada ni nadie externo me puede dar lo que yo necesito.

El amor empieza por uno mismo.

De ahí nosotros vamos a vibrar en esa energía y ya atraeremos personas que nos quieran.

Me di cuenta de que mis hermanos eran mis espejos, no me respetaban porque yo no lo hacía conmigo misma.

Es la Ley del Universo.

Tú atraes lo que eres.

Me di cuenta también que toda la ayuda y el control que yo ejercía era porque esperaba algo. No era un amor sano, no era dar sin esperar.

Yo quería llenar ese vacío.

Cuando yo entendí todo esto, después de seis meses me

conecté nuevamente con mi familia, pero no desde el victimismo, ni echándole la culpa a ellos de mi malestar, sino entendiendo, que el poder está dentro de mí, y si yo quiero hacer algo de corazón sin esperar nada a cambio, lo hago; pero si no quiero hacerlo, no pasa nada.

No sentirse culpable, es mejor agradarte a ti mismo que a los demás.

Que no necesito que nadie me valore, lo hago yo misma.

No necesito que nadie me respete, lo hago yo misma, y cuando me miro al espejo, amo lo que veo.

Todo lo exterior no te puede influir, cuando tú sabes quién eres.

A la misma vez, con la espiritualidad aprendí, que todos somos almas en evolución, y el planeta tierra es una escuela de almas. Todos estamos mezclados.

Aprendí que cuando yo ayudaba a mis hermanos, y no los dejaba aprender por ellos mismos les hacía un mal y no evolucionaban.

Aprendí que cada alma, viene con un plan diseñado para aprender la lección que les corresponde y es contra la ley del Universo intervenir en su camino de aprendizaje.

Aprendí que se puede ayudar con sabiduría, y para ayudar a una persona no se puede hundir en el fango con ellos porque así los dos nos hundimos, no hay que estar involucrados emocionalmente para ayudar, en vez de eso se le puede dar soporte en todo su camino para animarlo a seguir su plan trazado, que al final todo es para nuestro crecimiento espiritual.

Aprendí, que, si una no se ama a sí misma, entra en relaciones tóxicas de dependencia, y es muy importante sanar sus heridas para no sufrir y no dar la culpa a lo externo.

Ahora tengo una relación más respetuosa con mis hermanos, donde ellos trataron nuevamente de pedir ayuda económica y yo pude ser asertiva y decir que no cuando lo siento, sin sentirme culpable.

Les di una ayuda unas cuantas veces, pero fue mi voluntad, sin sentirme obligada, ni esperar nada a cambio.

He aprendido muchas cosas con la espiritualidad, es un nuevo despertar para mí y sigo aprendiendo, porque mientras estamos vivos aprendemos todo el tiempo.

Somos seres poderosos y creamos nuestro destino en cada momento presente con nuestros pensamientos.

El universo no diferencia lo bueno y lo malo.

El universo es un eco de nuestros pensamientos y emociones, por ende, es mejor utilizar los pensamientos a nuestro favor.

FIN

NOTA DE LA AUTORA

Este libro lo escribo para que las personas sean conscientes de la importancia de perdonar a sus padres y ser agradecidos con ellos.

Dios bendice a los hijos que agradecen a sus padres, desde allí empezó todas las bendiciones para mí y la buena suerte. La abundancia me sigue en todos los sentidos, todo empezó por mi agradecimiento de corazón hacia mis padres.

No cambiaría absolutamente nada del pasado, gracias a todo lo que sucedió en la vida, me hizo más fuerte y me convertí en la persona que soy hoy en día, y esto se lo agradezco inmensamente a mis padres por darme la vida y haber aprendido las lecciones que tenía que aprender y sigo aprendiendo después del fallecimiento de mi exesposo.

Somos seres únicos e irrepetibles, todos somos luz y cada persona brilla con su propia luz. No tenemos que compararnos con nadie, con la única persona que tienes que compararte es con la persona que fuiste ayer.

Es importante no olvidar de donde se viene, pero también es importante saber hacia donde se va.

AGRADECIMIENTOS

A las primeras personas que debo nombrar es a mis padres, a ellos los quiero honrar con mi historia y les agradezco inmensamente que aceptaron ser mis padres.

Con ellos aprendí y sigo aprendiendo todo lo que mi alma me muestre en esta gran escuela de vida que se llama Tierra.

A mi hijo Jonathan porque gracias a él, comprendí lo que es el amor incondicional. Con él aprendí a sacar la mejor versión de mí misma, me dio las armas para sacar fuerza desde mi interior y luchar con cualquier obstáculo por lograr mis metas.

A mi hijo Emil que, con solo siete años, fue la primera persona que se dio cuenta que algo me estaba sucediendo en el mar y avisó a los salvavidas. Gracias a él, un ser tan maduro y espiritual, con su corta edad podemos hablar de cualquier tema. Tengo un gran amigo.

Made in the USA
Columbia, SC
24 January 2025